# 賃上げ
# 値上げ
# インバウンド

鴨頭嘉人

鴨ブックス

# はじめに

今、日本経済に影響を及ぼしている要素は数多く、しかも重くのしかかっています。

・人口減少で内需下落
・労働人口激減で人材不足
・コロナ禍でサプライチェーン逼迫
・ウクライナ事変でエネルギー高騰
・円安による買い負け

毎日のようにメディアから届くニュースは暗澹たる情報ばかり……。
経営者は資金繰りに悩まされ、会社員は未来に希望が持てず不安に押しつぶされそうになっているかも知れません。

しかし悲観する事はありません。

本書ではこの状況を打破する本質的かつ現実的な具体的事例が満載です。

『賃上げ 値上げ インバウンド』

このキーワードはあなたの未来と日本経済復活のチャンスに満ちています。

ビジネスにおいてもちろん「打ち手は無限」。

それは間違いありませんが、現在の大きな経済的障壁を打ち破るには『賃上げ 値上げ インバウンド』が絶対的に優先順位ナンバーワンであり「これ」に比べれば他の手段は些末なアクションでしかありません。

言い換えれば「『賃上げ 値上げ インバウンド』を実行せよ！　話はその後だ」

それぐらい短期的にも中長期的にも外してはならない最重要事項なのです。

本書を手に取ったすべてのビジネスマンがあなたの職場に……、ひいては日本経済に大いなるインパクトを創出してくれる事を楽しみにしています。
さあ！　硬い扉を力強く押し開けてください！
明るい未来があなたを待っています。

## 第3部

# 第1部

# 日本の未来像を知る

今、日本という国はどういう国なのかという大前提から解説します。

こういう数字があります。

**83万7000人。**

なんの数字かわかりますでしょうか?

これは、2023年10月1日時点で、前年に較べて減った日本人の数です。
ちなみに佐賀県の人口が81万人程ですので、昨年1年間で佐賀県の人口が、丸ごと消えたということになります。

日本の現状です。

これまで、年間70万人減少時代に入るということが言われてきていましたが、減少のスピードはもっと速いかもしれない。

ちなみに、未来を予測する時、長期予測は当たりやすく、短期予測は当たりにくいと言われます。

その長期予測の最たるものが、人口予測です。

以下、人口予測に基づいた長期予想をしてみました。

年間70万人が減少するということは、2020年を起点とした10年後の2030年、620万人強の千葉県がなくなるレベルに等しい。

海外ですと、シンガポールの563万人がまるまる消えるレベルです。

さらにその10年後、1400万人が減ります。

これは、まるまる東京都がなくなるというレベルです。

ここでも海外に目を転じれば、オランダが1770万人強なので、オランダの人口の8割ぐらいがなくなる計算です。

## 日本の人口推移

2020年を
起点にした
10年後の2030年
→ **600万人減**（1億2011万人）
千葉県628万人　シンガポール563万人

同じく2020年を
起点にした
20年後の2040年
→ **1330万人減**（1億1283万人）
東京都1400万人　オランダ1770万人

同じく2020年を
起点にした
40年後の2060年
→ **2999万人減**（9614万人）
東京都2個分　オーストラリア2600万人

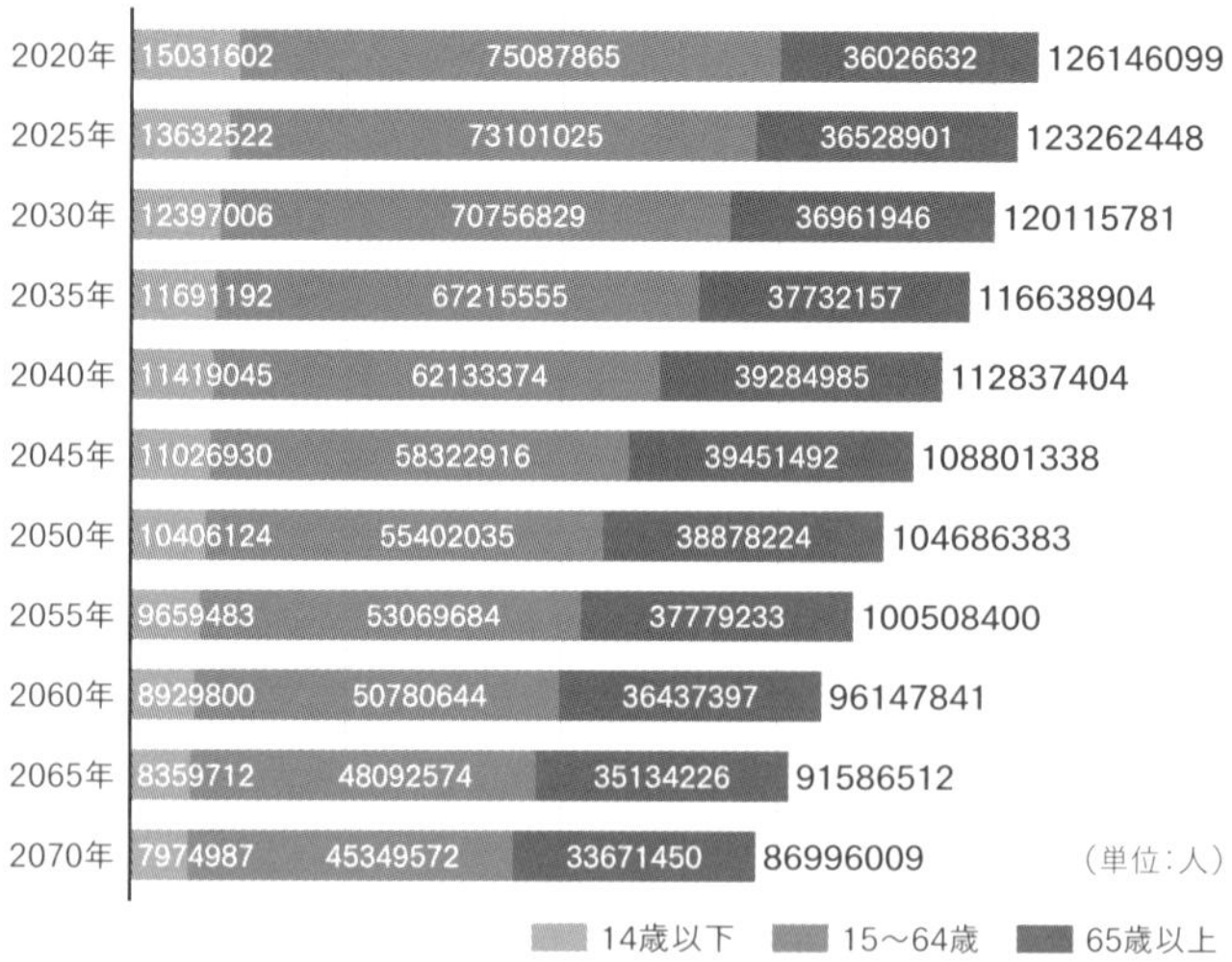


「日本の将来推計人口（令和5年推計）」（国立社会保障・人口問題研究所）のデータをもとに作成

これが日本の未来です。

むしろ、年間70万人減少の読みは甘く、もっと加速度的に人口が減少する可能性もあります。

いずれにしろ、ほぼ間違いなく、２０５６年には、日本の人口は1億人を切ります。


ここで、高度成長期だった、昭和を振り返ります。

日本全体の景気が良かったと言われる時代ですね。

なぜ、良かったのか？

答えは簡単です。

人口が増え続け、お客様＝マーケットがどんどん大きくなっていったからです。

語弊はあるかもしれませんが、高度成長期の会社経営は、今の経営に較べれば難しくなかったと僕は思います。

もちろん、優秀な経営者の方はたくさんいらっしゃいました。

ただ、マーケットが大きくなり続けている中での経営であったことは留意するべきでしょう。

それに比して、今の日本での経営は、

人口が減っている。
お客様が減っている。
マーケット自体が小さくなっている。

こういう状況の中での舵取りになります。

今まで通りのことをやっているだけでは、絶対にうまくいかない。

それこそが、この先直面することになる、日本の未来像なんです。

## 迫りくる2030年問題

人口が減ることで、お客様が減る。

それはもちろん、働く人が減ることも意味します。

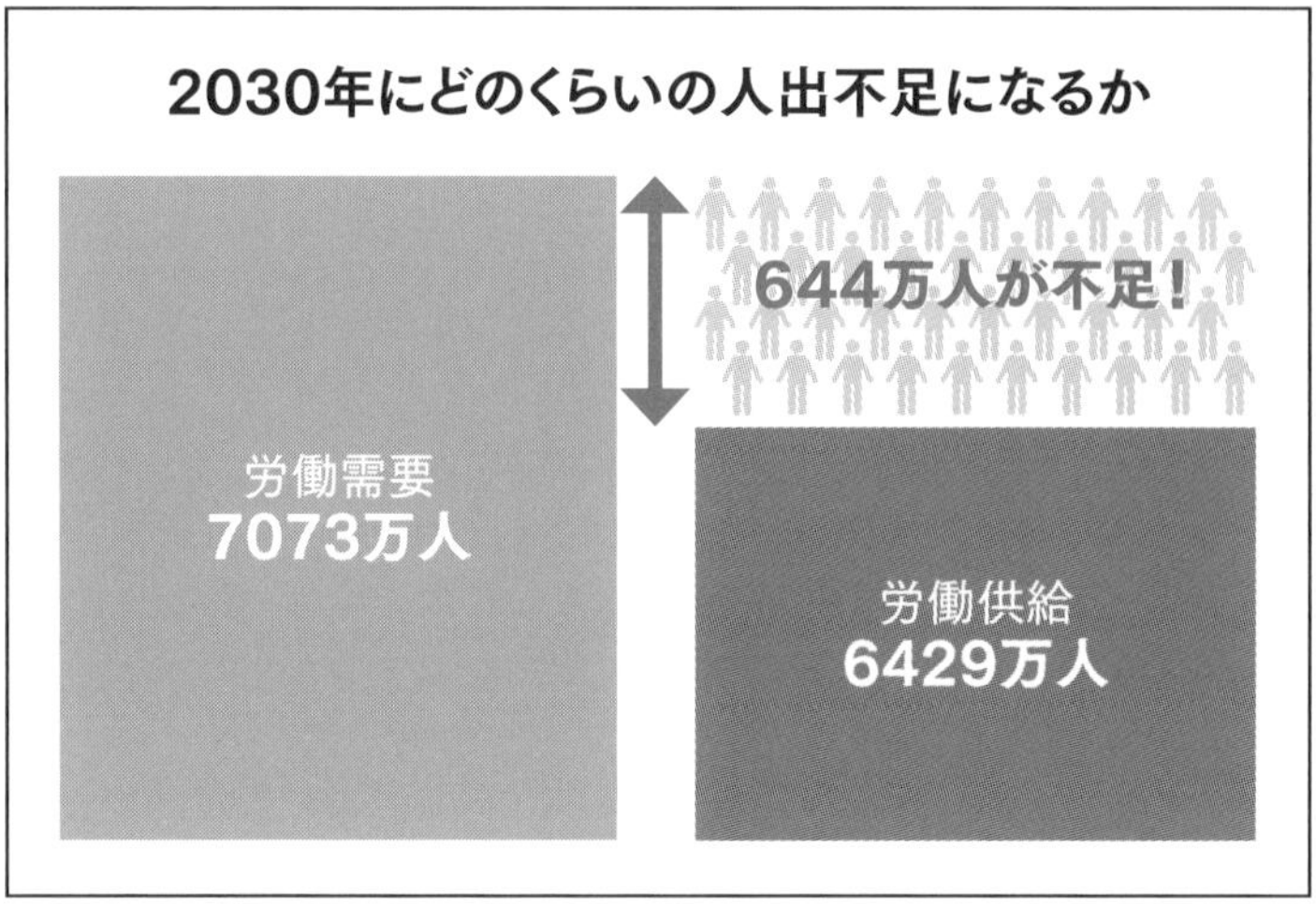


「労働市場の未来推計」によれば、２０３０年には労働需要に対して労働供給が間に合わなくなると推計されています。

労働力が７０７３万人必要なのに、供給できるのは６４２９万人で、６４４万人も足りない。

少子高齢化、超高齢社会がさらに進み、生産年齢人口の減少により発生する諸問題、これが、２０３０年問題です。

現在でも、飲食業や金融業をはじめとして、どの業界も軒並み人手不足です。

この業界に人が集まっているという話は、まったく耳に入ってきません。

少し過去を遡っても、１９９０年代後半から、「ビットバレー」という、アメリカのシリコンバレーを模した動きが、渋谷界隈にありましたが、そこに大きく人材が集まったという話も聞きませんでした。

問題なのは、この労働供給の不足を、メディアがほとんど取り上げなかったことだと思います。

2030年問題を取り上げだしたのは、本当にこの2~3年のことです。

もちろん、人口減少はもっとずっと以前から始まっていた……。

しかし、政府も企業も、何も対策を立てていなかったというのが実情です。

最近僕が実感した人出不足の事例を紹介します。

出張先の大阪でお好み焼き屋さんに伺いました。

夕食の時間帯です。

すると、店先にこんな案内が書かれています。

「ただいまのお時間は満席となっております。ご案内に関しては係の者にお尋ねくださいませ」

最初は、少し喜ばしい気持ちになりました。

コロナ禍の休業や時間短縮が明けて、通常の営業に戻り、ようやく満席になるまでに回復したんだなと……。

でも、何か違和感がありました。

その時に、お店の中の客席を覗いたんです。

すると、お客様がほとんど入っていなかった。

怪談ではありません。

お店の前の案内書きには満席だとあるのに、お客様が、ほとんど入っていなかった。


別の機会には、こういうこともありました。

やはり、大阪、同じく夕食の時間帯です。

いくつかのお店に、こういう予約の電話を入れました。

「20分後ぐらいに2人でお伺いしたいんですけど、お席って予約できますか?」

残念ながら、どこのお店も満席で、ようやく一つのお店でスタッフさんが、「少々お待ちいただいてよろしいでしょうか?」と応対してくれました。

2〜3分経って電話口に戻ってきて、その方がこう言いました。

「満席です」

ここでも違和感です。

たとえば、翌週金曜日の予約を入れるような状況でしたら、電話を離れて調べる必要もあるでしょう。でも、今、この時点の空席の状況なら、店内を見れば一目でわかるはずです。

では、その2～3分の間は何を意味していたのか？

おそらくですが、店長に聞いていたのでしょう。

店長の答えはこうです。

「満席と言え」

席が空いていても、スタッフがいないので、対応ができていないんです。

地方都市の話ではありません。

関西圏の経済、文化の中心地として栄えてきた、日本で2番目に大きい都市の飲食店の現状です。

大阪を含めた地方で、この先直面する２０３０年問題の兆候が、もう既に切実な問題として、表れてきているようです。

## 低下するエンゲージメント

日本全体の話に戻します。

「未来人材ビジョン」という、経済産業省のデータ集があります。

その中の日本企業の従業員エンゲージメントのグラフ（P21）を見てください。

「エンゲージメント（engagement）」とは、言質、約束、契約などを意味しますが、ここでは会社に対するロイヤリティや、忠誠心、やる気という意味で使われています。

そのエンゲージメントですが、世界的に見て、とても低いことがわかります。

この会社で働けてうれしいという人が、アメリカとカナダには34％もいるのに、日本では5％だけです。

要は、95％の人は、会社に対する忠誠心がないということが、このデータから読み取れます。

次に、課長・部長、つまり、管理職への昇進のタイミングと、年収の国際比較（P20）です。

管理職への昇進年齢、ここでも日本は世界の中で遅いことがわかります。

## 日本は、課長・部長への昇進が遅い

### 日本企業の部長の年収は、タイよりも低い

部長・課長への昇進年齢

| | 課長 | 部長 |
|---|---|---|
| 中国 | 28.5歳 | 29.8歳 |
| インド | 29.2歳 | 29.8歳 |
| タイ | 30.0歳 | 32.0歳 |
| 米国 | 34.6歳 | 37.2歳 |
| 日本 | 38.6歳 | 44.0歳 |

「未来人材ビジョン　令和4年5月」(経済産業省)のデータをもとに作成

海外諸国との年収比較

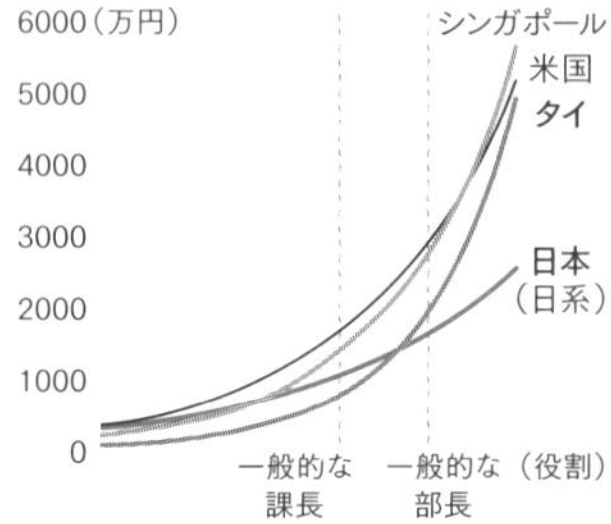


## でも転職もしたくないので、生産性が低く、賃金も低い

### しかし、「転職や起業」の意向を持つ人も少ない

転職意向のある人の割合

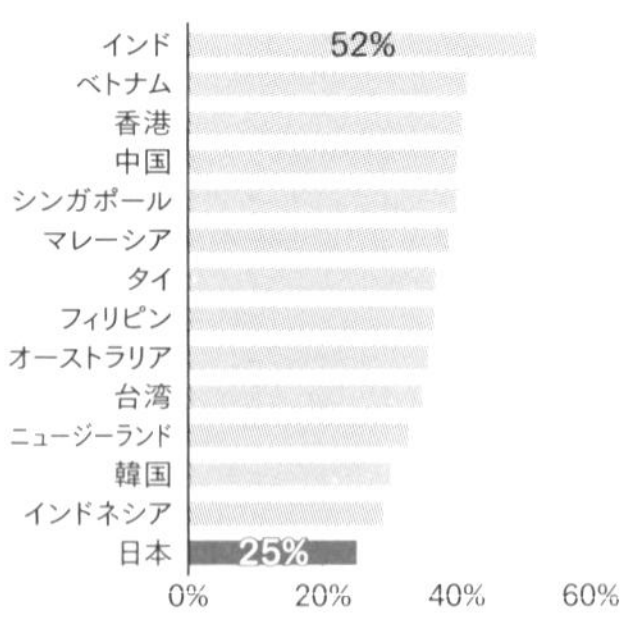


独立・起業志向のある人の割合

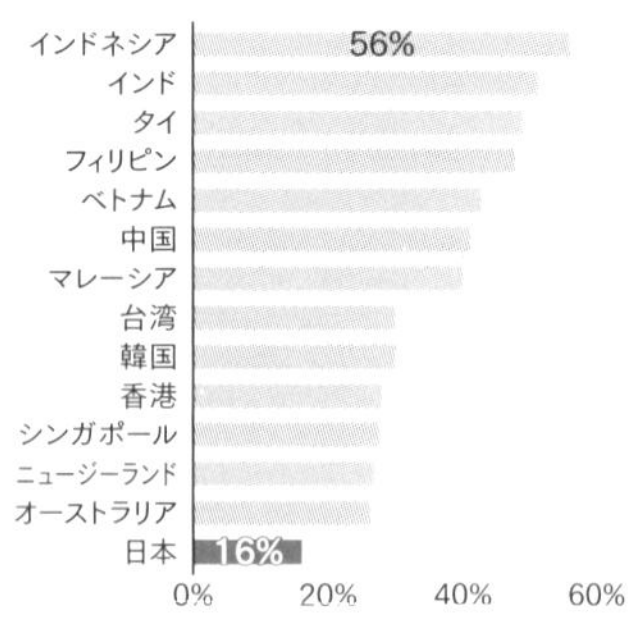

## 日本企業の従業員エンゲージメントは、世界全体で見て最低水準にある

従業員エンゲージメントの国際比較（左：世界全体　右：東アジア）

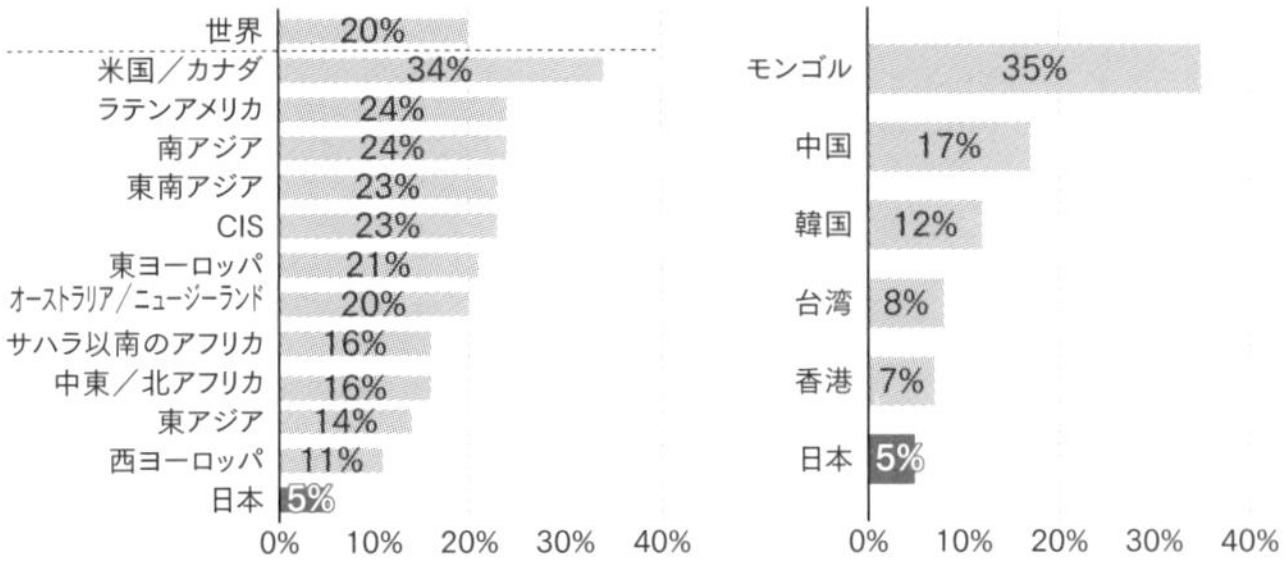


# 会社に不満を持ちながら、いやいや働き続けて

## 「現在の勤務先で働き続けたい」と考える人は少ない

現在の勤務先で継続して働きたい人の割合

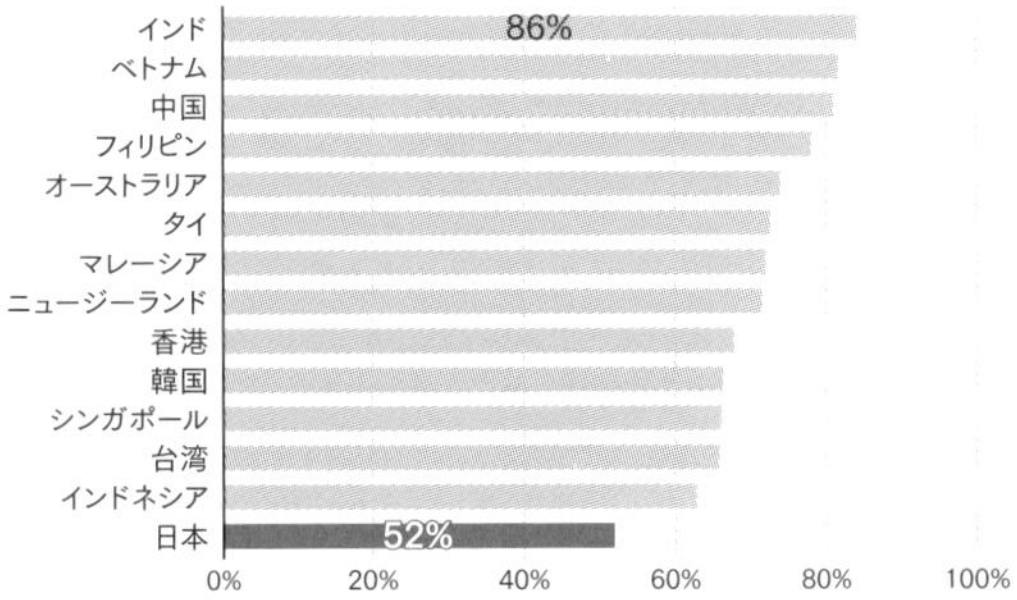

当然、そのことは年収にも影響してきます。

既に、日本の一部の管理職の給料はタイに抜かれています。


タイと言えば、少し前までは、日本の戦後の経済復興期のような形で、経済成長をしているると見られていた国です。

ところがもう、抜かれているんです。

ちなみに、この図にある通り、新入社員の給料は、まだ日本が高い。

なぜか？

日本が、人手不足になっているからだと思います。

人が足りないから、初任給は高い。

ただ、がんばっても報われない。

利益を出せないから、給料を上げられない。


次に、「現在の勤務先で働き続けたい」と考える社員の国際比較のグラフ（Ｐ21下）です。

ここでも日本は、最低の数字になります。

もう一つ。

「転職」「独立・起業」の意向を持つ人の、これも国際比較（Ｐ20下）です。

こちらでも、日本の数字は低い。

つまり、会社に忠誠心はない、今の会社で働き続けたいわけではない、しかし、転職には興味がない、もっと言えば独立や起業は怖い。

だから居すわろう。

そういう社員に給料を払っていることになります。

書いているうちに、暗澹としてきます……。

でもこれが、データから読み取れる、今の日本の会社員です。

その理由までは、ここでは分析しません。

ただ、2030年に向かって人材不足が加速化する中、人材不足の状況の一端には、こういうことも読み取れたりするのだと、記憶に留めておいてください。

## 社員に投資しない日本の会社

その一方で、会社側にも問題があります。

## 日本企業は世界一、人材に投資をしない
## しかも、個人も自己啓発に投資をしない

### 人材投資（OJT以外）の国際比較（GDP比）

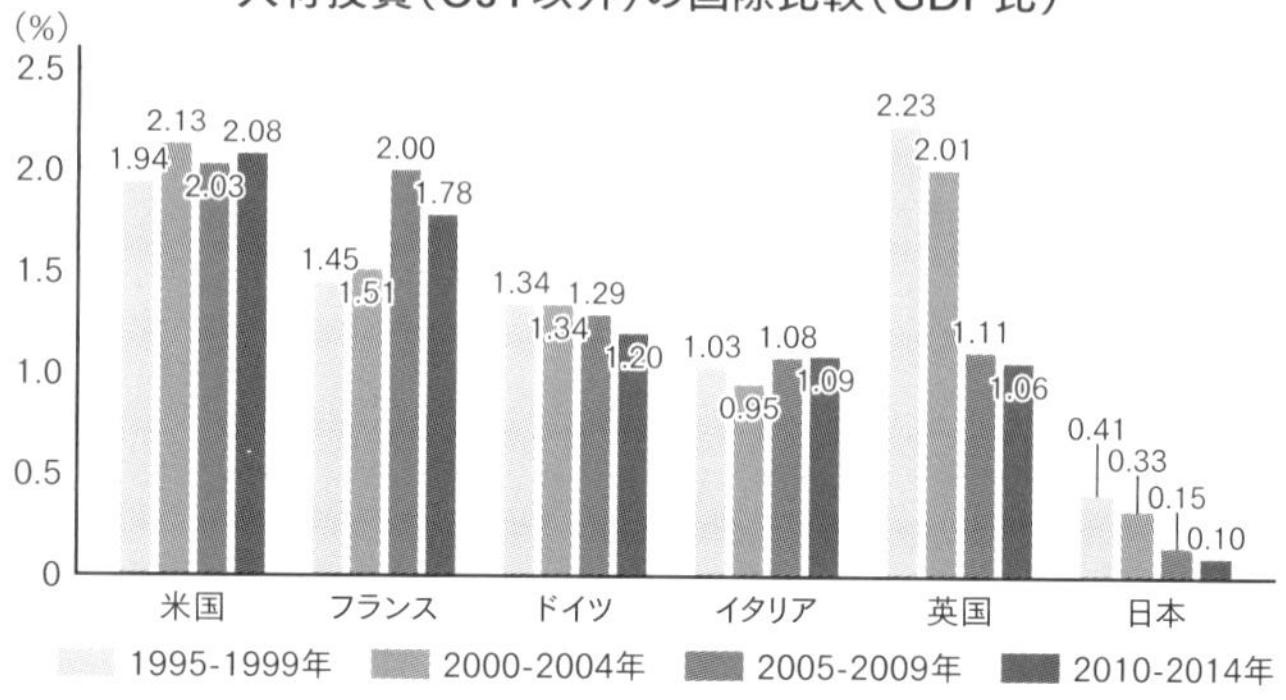


「平成30年版　労働経済の分析　ー働き方の多様化に応じた人材育成の在り方についてー」（厚生労働省）の資料をもとに作成

### 社外学習・自己啓発を行っていない人の割合

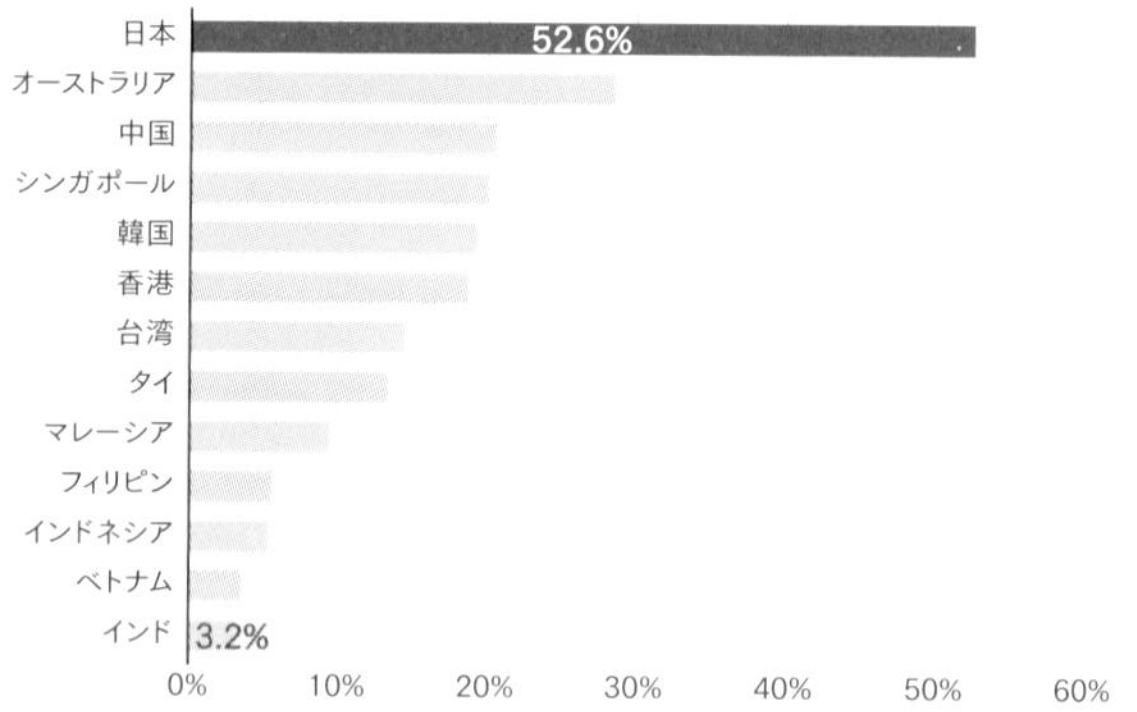


「グローバル就業実態・成長意識調査（2022年）」（パーソル総合研究所）のデータをもとに作成

右ページ上図は、会社が社員に対して、国のGDP比でどれぐらいの投資をしているかというデータです。

図内の説明にある「OJT以外」の「OJT（On-the-Job Training　オン・ザ・ジョブ・トレーニング）」というのは、たとえばマクドナルドで言うと、「ポテトはしっかり振らないと、ちゃんと全体に油が当たらず美味しくカリカリにならない」というようなことをお店の中で教える、職場で実際の業務に取り組みながら行う育成方法のことです。

逆に、日常の業務から離れて行う座学の集合研修などのことを「Off-JT（Off-the Job Training　オフ・ザ・ジョブ・トレーニング）」と言います。

こちらは、別途、会議室や研修所を用意する必要もありますので、会社にとっては、お金がかかります。

この「Off-JT」が、日本はGDP比で非常に少ない。

アメリカは世界一のGDPですが、それに対して2%を投入している。

それに較べて、日本はたったの0.1%です。

この比較は1995年から履歴がありますが、日本の場合、そもそも0.4%しか使っていなかったのに、さらに、年々低下していることがわかります。

その上、個人で社会学習、自己啓発を行っていない割合も、資料（P24下）からわかってしまいます。

特にベトナムやインドなどのアジア諸国と較べた場合、その差は歴然です。

半数以上の人が勉強をしていない。


これについて僕は、数字以上に実感しています。

僕は今、海外で仕事をしている経営者の方々とお話しする機会も多くなっています。

そこでお聞きした、タイのサラリーマンの土曜日、日曜日の過ごし方です。

皆さん、その過ごし方について色々と悩まれているそうです。

何を悩まれているかというと、オンラインセミナーとオフラインセミナーのどちらを選ぶかで悩んでいるとのことです。

タイのサラリーマンは、土日の2日間で10～15個のセミナーを受けているそうです。

できるだけ多くセミナーを受けたいのですね。

そうすると、移動時間なしで受講できるオンラインのセミナーのほうが、数は受けられる。

ただ、中にはどうしてもオフラインで受けたいセミナーも出てくる。

そういうことで悩んでいるのが、タイの若者なんだそうです。

日本人の悩みはどうですか？

僕は、そういうことで悩んでいる若者を、まず見ませんね。

## 下がり続ける人材競争力

もう一つ、日本の人材の競争力を見ます。

こちらは、「ＩＭＤ（International Institute for Management Development）」というスイスに拠点を置くビジネススクールが出しているデータ（Ｐ28）です。

年々下がり続ける傾向にあって、２０２１年には中国にも抜かれ、23年には43位にまで落ちている。

人材の競争力が落ちれば、当然、国際競争力も下がります。

１９９０年には世界で1位だった競争力が、今や35位です。

ちなみにベスト10の中には、シンガポール（4位）、台湾（6位）、香港（7位）と、アジアの国と地域が3つ入っています。

ＧＡＦＡＭ（ガーファム：Google, Apple, Facebook, Amazon, Microsoft）と称される、

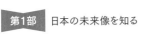

## 日本の人材の競争力は下がり続けている だから、経済全体の国際競争力も 下がっていく一方だ

### 日本の人材競争力は下がっている

人材競争力ランキングの推移

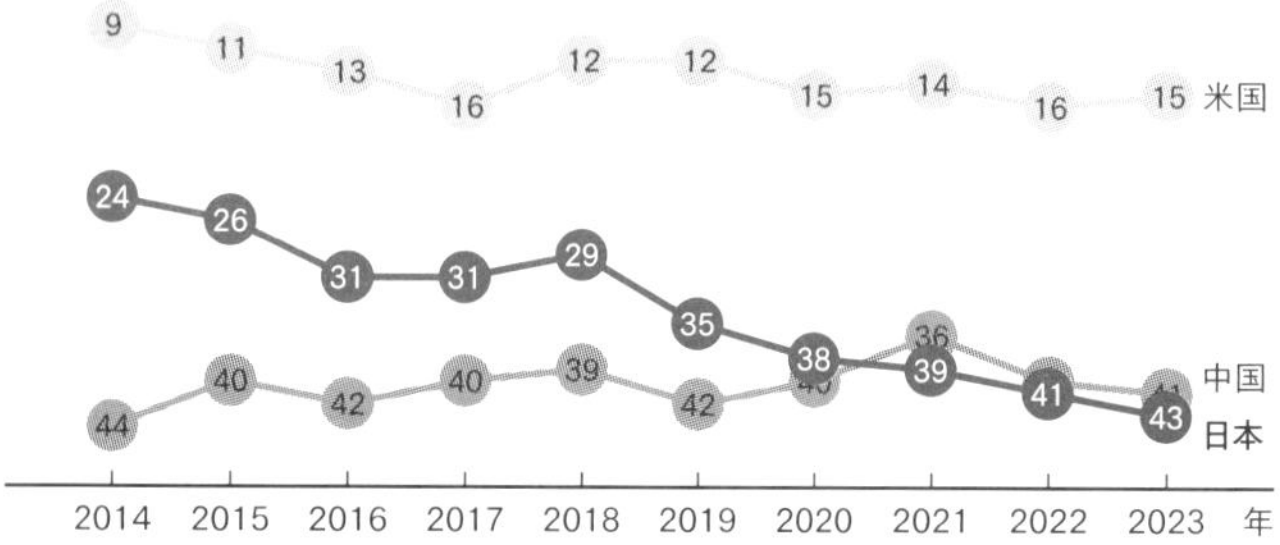


「IMD World Talent Ranking 2023」(World Competitiveness Center)のデータをもとに作成

### 日本の国際競争力は、この30年で1位か35位に落ちた

世界競争力ランキングの推移

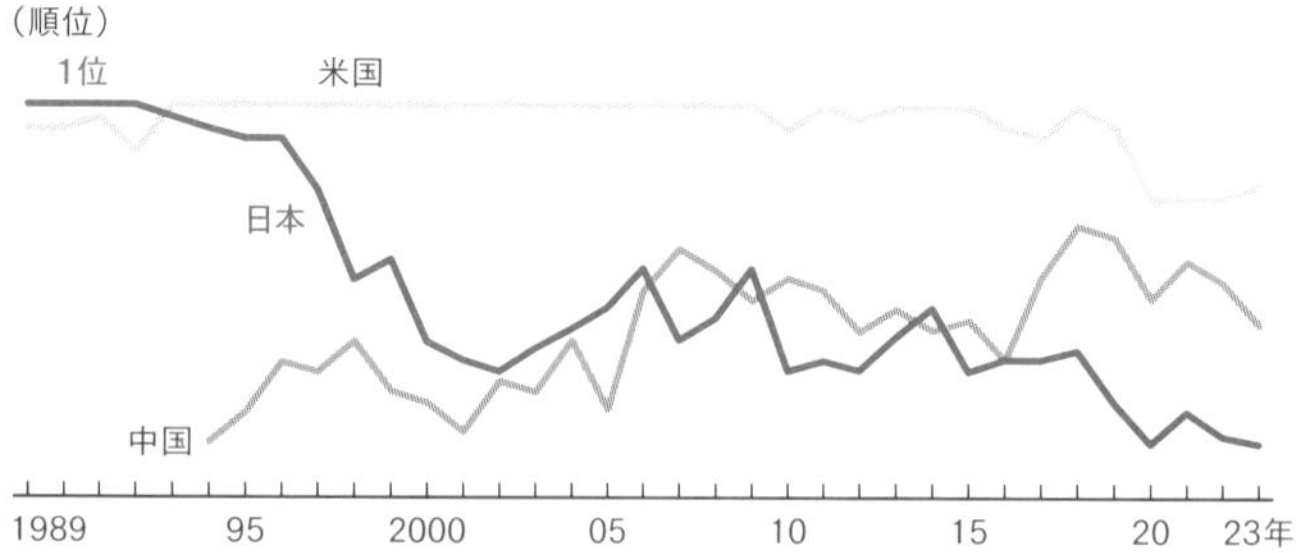


「IMD World Competitiveness Booklet 2023」(World Competitiveness Center)のデータをもとに作成

世界をリードする5企業には、経営陣にアジア人がいます。

ですが、日本人は0人です。

勉強も自己投資もしていないから、世界のトップでは通用しないんです。


余談ですが、中国は侮れないです。

中国社会では、日本以上に学歴がものを言います。

企業は頭のいい人間しか採用しないですし、将来、すごく格差が出ます。

だから中国の若者は、死ぬほど勉強する。

もっと言えば、国の援助で、10代の学生をハーバードなどのアメリカの名門大学に入学させたりもします。

国の援助というプレッシャーがありますから、学生はそこでも必死に勉強をして、そういう名門校でもトップクラスになります。

そのトップクラスの卒業生をGAFAMに入社させる。

そして7年から10年くらいが経つと、また国がお金を出して、その人たちに中国で起業させる。

国が全面的にバックアップした上で、グローバルに、戦略的に人材育成をしている。

一方、繰り返しになりますが、日本の現状はこうです。

総人口が劇的に減少していく中、労働人口は644万人不足し、企業は人材育成に投資をせず、個人も自己啓発に投資をしない。

これで、世界と戦えますか？

## 買い負ける日本

インフラ系のサプライチェーンも終わっています。

新型コロナウイルスの影響でネット通販に頼った生活様式へと転換されたということもあります。そのことによって、これまでも不足していた運送業界を担うトラック運転手の絶対数が足りなくなっています。

2024年4月には、労働基準法第36条を含めた改正労働基準法が施行され、トラック運転手の時間外労働時間が年間960時間までに制限されることになりました。

トラック運転手の労働環境は守られる一方で、労働時間が制限されることでの運送会社の利益減少、輸送運賃の上昇、トラック運転手の離職などの問題も懸念されています。

これを2024年問題と言います。

それだけではありません。

ウクライナ侵攻による原油価格の高騰。

それにより、運送費、ガソリン代、さらに木材や電気まで、すべての価格が上がっています。


そして円安です。


世界経済を揺るがしたリーマン・ショックが起きた2008年当時、円相場は1ドル＝110円台でした。

これは、日本が巨額の経常黒字を続けてきたことで、国際的な円の信認が高まっていたからです。

そのため円は、為替市場で「安全資産」と評価されていました。

それが今、150円台後半にまで円安になってしまっています。

ざっと、円の価値は2008年当時と較べて、30％ほど下がっている計算になります。

そうすると、どうなるか？

海外市場で、買い負けが起きてきます。

たとえば僕が経営している、「YAKINIKUMAFIA IKEBUKURO」という焼肉店。

上質のタンを扱っているのですが、今、中国に負けることがあります。

ドンペリも最近は入りにくくなりました。

こういう状況が続くと、日本の食料政策はどうなるのでしょう?

暗澹としますね。

でもこれは決して、僕一人の杞憂ではありません。

2024年3月、経済産業省が「第3次中間整理で提示する2040年頃に向けたシナリオについて」という見通しを発表しました。

その中で2040年頃には、「これまでの考え方・やり方では、新興国に追いつかれ、海外と比べて「豊かではない」状況に。社会の安定性すら失われる可能性」がある、としています。

さてここまで、これでもかと暗い話を続けてきました。

でも、この状況をすべて解決する方法があります。

一撃です。

**『賃上げ 値上げ インバウンド』**

これしかありません。

これだけのネガティブな外的要因をひっくり返す方法は、これ以外にはありません。

第2部から、詳しく解説していきます。

# 第2部

# 賃上げ 値上げ インバウンド

## 賃上げと値上げはセットで

最初に一つ、身近なところで、賃上げと値上げ、さらにはインバウンド戦略でうまくいった例を紹介しておきます。

京都に「麺屋猪一《めんやいのいち》」という、8年連続でミシュランビブグルマンにも選ばれている行列必至のラーメン屋さんがあります。

この店が、900円のラーメンを1400〜1750円に値上げしました。

1・5倍以上の値上げです。

なぜ、値上げをしたのか?

第1部で解説したように、ウクライナ問題や円安に起因した、原材料やエネルギーの価格高騰によるものだと考えることが、まずは普通だと思います。

もちろん、そういう理由もあるのですが、お店にこういう張り紙がありました。

「お店の人員の不足が続いており、数社の媒体でスタッフを募集しましたが、飲食業界全体が採用難です。この先の未来をよく考えて悩み、4月に賃金の引き上げをすることにしました」

「麺屋猪一」の値上げは、従業員の賃金を上げるためだったのです。

そもそも、京都の最低時給は低くて、968円（2023年10月6日から1008円）でした。

そこを、「麺屋猪一」は、1200円にした。

すると、何が起きたか？

アルバイトをする人にとって、この価格差は桁違いです。

反響は大きく、実に60人の応募があったそうです。

そうすると、必然的に優秀なスタッフを雇える可能性が上がります。

「麺屋猪一」の場合、「優秀な」とは、感じが良くて、英語がしゃべれることでした。

特に、英語がしゃべれるというところは、重要です。

なぜなら、「麺屋猪一」はインバウンド比率85％を目指していましたので……。

僕の接客をしてくれたアルバイトに、京都大学法学部の学生さんがいました。

取材させていただきました。

「この店でなんで働こうと思ったの？」

即答でした。

「時給です」

「僕は、将来、海外で働きたいんです。英語はできるけど、今、ドイツ語勉強していて。最初、いろんな世界中の人と会話をしながら、しかも時給が高いって最高じゃないですか。最初、家庭教師を考えたんですけど、家庭教師は結局、日本人としか話す機会がないので、自分のスキルアップにならないと思ったんです。でも猪一さんなら、毎日世界中の人と話すこともできます。自分の未来につながると思い、このお店で働くことにしました」


これだけのアルバイト料を出せば、京都大学の英語のできる学生さんを雇うことができる。

そのことによって、増え続けるインバウンド客への対応も可能になった。

「麺屋猪一」の場合、賃上げと値上げをセットにしたところが肝です。

賃上げを後回しにする経営者、いっぱいいるんです。

とりあえず値上げして、利益が出たら賃上げしようという……。

違います。

むしろ、賃上げが先です。

なぜなら、今、最も大きい問題は人手不足だからで、それは、第1部で解説した通りです。

お客様はいる。

大阪のお好み焼き屋さんの例を、思い出してください。

お客様はいるんです。

でも、働く人がいない。

だから、優先順位は賃上げです。


ちなみに「麺屋猪一」、英語も話せる優秀な人材がスタッフに加わったこともあり、目標にしていたインバウンド比率85％に到達したそうです。

これができたのは、実は、このお店がサザビーリーグに買収されたからです。

サザビーリーグの経営陣が、これからの人手不足、インバウンドに対処するために、先を見通した決断ができたからのことです。


「日本一たい焼」、山本隆司《やまもとりゅうじ》さんの例も紹介します。

この値上げに関しては、単純化して説明します。

「日本一たい焼」では、220円のたい焼きを240円に、20円の値上げをしました。

ここで留意していただきたいのは、たい焼き屋さんが、コモディティ・ビジネスである点です。

コモディティ・ビジネスにおいては、小さな値上げでも、消費者が敏感に反応します。

たとえば、僕のセミナー事業は、コモディティ・ビジネスとは正反対です。

料金22万円だったセミナーを30万円にしても、お客様はほぼ気がつきません。

高ければ高いほど、値上げのダメージは小さい。

ルイ・ヴィトン、グッチやエルメスも、値上げをして、過去最高益をコロナ禍で出していますが、誰も気がつかないし、そもそも気にもしていない。

ただ、たい焼きは違います。

20円の値上げでも、敏感に反応します。

単価が安ければ安いほど、値上げのダメージは大きくなる。

勇気のいる決断だったと思います。

## 日本一たい焼の値上げ

**【値上げ】 220円⇒240円**

月間2万匹×0.8×14店舗×20円
＝約450万円　年間5400万円

**【賃上げ】 社員給与　2000万円アップ実現**

アルバイト時給をアップして、
新店舗オープンとM&Aを計画中

では、20円の値上げによる効果を計算してみましょう。

上図を見てください。

1店舗で、月間2万匹を超えるくらいのたい焼きが売れます。

0・8と書いているのは、値上げによって20％お客様が減ることを想定した係数です。

値上げ前と、同じにはならないと思います。

計算上では20円上がると、14店舗で約450万円の利益になります。

450万円をそのまま利益と見積もることができるのが、ポイントです。

あくまでも概算ですが、利益を増やすために焼く匹数を増やした場合、そこに原材料費や、場合によっては人件費が加算されます。

しかしここでは、焼く匹数を減らしているので、そのまま利益として見積もることができます。

つまり、14店舗で月間450万円の利益は、年間5400万円の利益の増加ということになります。

ただ、値上げをしただけです。

そして賃上げです。

この5400万円の利益から、2000万円を社員の給料アップに回す。

さらに、残りの利益で新規オープンもできる。


逆の場合もシミュレーションしてみます。

コモディティ・ビジネスで陥りやすいワナですが、利益を上げるために値下げをするケースがよく見受けられます。

220円のたい焼きを200円に値下げして、売上数を増やす。

0・8の数字を1・2にしたらどうなりますか?

2万匹を2万5000匹売れということです。

当然、現状の人員では、対応が難しくなる。

当たり前のことですが、人手不足の今、人員増も厳しい。

「日本一たい焼」のようなコモディティ・ビジネスのケースですら、この人材不足のおり、値上げは理に適っていることがわかります。

賃上げ、値上げのセットだけでも、十分なんですね。

## マーケットの半分がインバウンドに

インバウンドの状況についても、ここで改めて勉強をしておきます。

日本政府観光局（ＪＮＴＯ）が発表したデータによれば、２０２３年の訪日外国人旅行者数（推計値）は、２５０６万６１００人でした。

過去最高だった２０１９年が３１８８万２０４９人ですので、ようやく、コロナ禍前の数字の８割程度に戻ったということになります。

ちなみに2022年は、たったの383万2110人でしたので、一気に2000万人以上増加した計算です。

また、2024年3月の推計値では、初めて単月で300万人を超えていて、JTBの予測では、24年は、19年を超える3310万人としています。

今、多いのは韓国からの観光客です。

その後に、台湾、中国、アメリカと続いていきますが、その中で、中国からの観光客の数（19年960万人　23年242万人）はまだ、回復していない。

政府は2030年までに、訪日客の数を6000万人まで伸ばすことを目指していますが、今の状況を見る限り、さらに確実に今後、中国からの訪日客が増えることを考えれば、これは、極めてリアルな数字だと、僕は見ています。


消費人口が6000万人増えるとはどういうことか、おわかりになるでしょうか？

第1部でお見せした、「日本の将来推計人口（令和5年推計）」によれば、2060年（36年後です）の日本の人口は9600万人と予測されています。

この数字は、あくまで総人口です。

15～64歳（消費ができる年齢です）に限って言うと、5000万人です。

そこに、6000万人の消費欲求の強い訪日客が入ってくる。

マーケットの半分はインバウンドということです。

インバウンドを意識しないと、マーケットが半分になる。

そういう時代が間違いなく来るということです。


ちなみに「YAKINIKUMAFIA IKEBUKURO」では、賃上げと値上げ、そしてインバウンドにも早くから取り組んでいます。


賃上げと値上げの効果を説明します。

まず、チップのモデル店ですので、チップ収入があります。

この額が、年間1881万5602円です。

これを、社員とアルバイトに分配します。

社員が5名、アルバイト5名ですが、アルバイトはシフトが半分ぐらいなので、社員の、0・5で計算します。

すると、7・5名という数字になります。

チップとしていただいている1881万5602円を7・5で割ると、1人あたりの年

## YAKINIKUMAFIA IKEBUKURO
## 賃上げ、値上げ

**チップ**

**年間　18,815,602円**

スタッフ社員7.5名（アルバイト0.5換算）

1人あたり年間　1,630,686円

（還元率65％）

（例）

社員給与月30万円

→年360万円＋163万円＝年収523万円

アルバイト時給1,200円×160時間

→192,000円＋135,891円＝327,891円

＝年収393万円

**ワギュジスカン**

**10,000円**

**→12,000円**

**（20％値上げ）**

月間客単価

Before→16,410円

After→18,993円（＋2,583円）

■売上効果

月間　1,291,500円

間の収入が163万円（還元率65％）プラスになる。

社員の給料が月30万円（基本給）だとすると、年間基本給は360万円＋163万円で、年収が523万円です。

アルバイトの時給は、1200円ですので、月160時間働いた場合、年収393万円です。

日本の飲食店というのは、店長クラスでも393万円くらいが相場ですから、学生のアルバイトでこのくらいの収入があるのは、まず、ないと思います。

しかもこのチップの分の163万円は、お客様が払っている。

こちらが、「YAKINIKUMAFIA IKEBUKURO」の賃上げです。

値上げに関しては、2024年1月、「ワギュジスカンコース」1万円を、1万2000円にしました。

20％アップですね。

これで月間の客単価が、それまで1万6410円だったものが、1万8993円に。2583円上がりました。

2000円の値上げで2583円の計算になっていますが、この差異は店舗努力によるものと理解してください。

いずれにしろ、売上効果は月間129万1500円のプラスになっています。

ちなみに、客数は同じです。

従業員を増やす必要もなく、やったことはひとつ、値札を変えただけです。

あとは何も変えていません。

なぜほかのお店がやらないのか、理解に苦しみます。

もちろん、この店がそれをできた前提はあります。

コモディティ・ビジネスではありませんから、価格を変えても、客数が変わらない。

実際、係数は1・0のままで、客数は全然変わりませんでした。

むしろどのタイミングになるかわかりませんが、1万5000円に値上げをしようとすら考えています。

さらに、あと3000円客単価が上がります。

お客様の数は現在、月間800人ですので、240万円の利益増、年間で2640万円以上の利益増になります。


インバウンドについても説明しておきます。

「YAKINIKUMAFIA IKEBUKURO」は現在、売上の50%（600万円）がインバウンドです。

後に詳しく説明しますが、インバウンド呼び込み施策で成果が出ているのは3つ。

インフルエンサー広告、Googleビジネスプロフィール、ホテルからの紹介です。

中でも一番効果があるのが、インフルエンサー広告です。

日本に来る外国人に向けたアカウントのインフルエンサーにDMを送って契約しています。

これは僕が自分で必死になって探しました。

おかげさまで、600万円中の50%、300万円くらいの売上がここから発生しています。

Googleは口コミです。

「YAKINIKUMAFIA IKEBUKURO」のステージパフォーマーの努力だ

けで現在、口コミ1300件、星4・7まで獲得しています。

ホテルからの紹介は店長の堺本卓哉《さかいもとたくや》の交渉によるものです。

東京にある5つ星のホテル、全部回ってくれました。

5つ星ホテルには、必ずインバウンド用のチームがあります。

店長が自分の足で、交渉してきています。

そこでようやくそのチームが、お店まで来てくれて、インタビューや撮影をして紹介をしてくれるのです。


だいたい6人くらいいるのですが、よく5つ星ホテルのチームを連れてこられるなと思い、一度店長に、どうやって交渉しているのか聞いたことがあります。

「あっ、スーツを着て訪問です」

いや、そうではなくて。だいたい、そんなに簡単にアポイント取れないだろうと聞きました。

そしたら「いや、会えば取れます」と言うんです。

「でもなかなか会えなくない？」と聞くと、

「そうなんですよ。なかなか会えないんですよ」

要は、ダイレクト・アタックなんです。

会えるまで足を運ぶ。
足を使っただけだそうです。
どぶ板なんですね。

ここからの売上はまだ3%しかありませんが、この先、絶対に育つと確信しています。

# 安売りの大罪

人材不足の状況の中、売上を伸ばしたいがために、安売りをする経営者がいます。

ここでは、価格についてもう少し深掘りしていきます。

中小企業の場合、安売りは禁止です。

これは原理原則。

絶対にやってはいけない。

理由があります。

## 理由1
## 安売りをすると売れなくなる

大企業はうまくいくことがあります。

たとえばマクドナルド。

もしくはユニクロ。

マクドナルドのハンバーガーと同レベルのものをあの価格で出せる中小零細企業はありません。

ユニクロのカシミヤ100%ニット、あれを1万円以下で出せる中小零細企業はありません。

ユニクロのカシミヤニットは、おそらくタグを付け替えたら、7万円で売れます。

なぜ、ユニクロはそのカシミヤニットを1万円で売れるのか?

ユニクロと取引している会社は、利益はいらないからです。

取引しているだけでステイタスが上がり、他で利益が出せるためです。

マクドナルドもそうでした。

## 理由1

安売りすると……

# 売れなくなる

**価格競争で勝つのは<br>マーケットで1社のみ**

マクドナルドに売り込みに来ている業者さんはブランドを手に入れるために、利益ゼロの企画を持ってきます。

マクドナルドと取引しているというブランド＝信用を得ると、他でも売れるからです。

それなりのレベルのものを、安価に大量に売る。

ここは、中小企業が入り込めない世界です。

1社しか勝てない世界です。

たとえば、アマゾンでボールペンを買うとします。

検索をすれば、何十万件というボールペンが出てきます。

僕たちが最初にすることは、並び替えです。

ボールペンに特別な興味がない限り、安い

順に並べ替えるはずです。
おそらく、一番上に出てくる商品、もしくは1ページ目の商品から選ぶのが普通です。
1社しか勝てない。
これがグローバルマーケットです。

どうしても安売りをするのであれば、世界一安くする。
それ以外は戦略ではない。
ただ、腰が引けているだけです。
マクドナルドより安くハンバーガーを売る。
ユニクロより安い服を出す。
それでようやく、勝負の場に立てます。

中国がまさに、そういうビジネスをやろうとしています。
アパレルECの「SHEIN（シーイン）」。
ハイブランドをすぐにパクッて安く出す。
ハイブランドで、20万円くらいの服のコピーを、2000円くらいで売る。

飛ぶように売れています。

## 理由2
## 安売りをすると質が落ちる

質が落ちる理由は簡単です。
たくさん売らなくてはいけないからです。
結果、品質の低下、納期の遅れ、クレームの増加、その対応への遅れが生じます。
さらに、従業員の離職も起きる。
それはそうですよね。
薄利多売で、忙しい上に、給料も安い。
まれに、そういう状態が好きな人はいます（笑）。
なんか、忙しくて楽しい、人生にも張り合いを感じる。
でも、5年、10年、その状態を続けられますか？
給料が上がらないから、結婚しても家が買えない、子供ができたのに、その子供と一緒

**理由2**

安売りすると……

**質が落ちる**

**疲れるから**

**理由3**

安売りすると……

**新規顧客獲得に追われる**

広告費・チラシや名刺作成費・交通費・運搬費・ウェブ費用・コンサル費用……etc

**キャッシュアウト**

に過ごす時間もない……。

嫌ですよね？

だから従業員は辞めます。

## 理由3 新規顧客獲得に追われる

安売りすると、新規顧客獲得の必要が生じます。

安いということは、たくさん売らなくてはいけない。

もっとお客様が必要になるわけです。

その新規顧客を獲得するために、次は広告費、チラシや名刺の作成費、交通費、運搬費、ウェブ費用、コンサルの費用などがかかります。

つまり、キャッシュがどんどん出ていくという状況に陥ります。


まとめます。

## 値上げ

**時間に余裕ができて
仕事の質が上がって
売上を伸ばさなくて
よくなる！！**

安売りすると起きることは、３つです。

**１　安売りすると、売れなくなる**
**２　疲れて仕事の質が落ちる**
**３　新規顧客獲得に追われてキャッシュアウトしやすくなる**

ということは、ここが肝心なのですが、逆に値上げをすると何が起きるか。

時間に余裕ができて、仕事の質が上がって売上を伸ばさなくてよくなるんです。

これが嫌だという人いますか？

従業員も喜ぶはずです。

損益分岐点の話は別です。

そこは必ず、超えなくてはいけない。

「ＹＡＫＩＮＩＫＵＭＡＦＩＡ ＩＫＥＢＵ

ＫＵＲＯ」で言うと、固定費もありますので、９００万円の損益分岐点は超えないといけません。

でもそこを超えたら、もう売上は追わないほうがいい。

利益を追ったほうが、従業員もお客様もすべてが幸せになります。

値下げと値上げを、数字を入れてシミュレーションしてみます。

売価１万円で利益が３０００円の商品を販売していたとしましょう。

**【値下げのケース】**

売価１万円の商品があります。

１個売れると３０００円の利益が出るとします。

この商品を仮に８０００円に値下げするとどうなるか。

１個売ると出る利益は１０００円に下がります。

ということは、同じ利益を確保しようと思うと、３倍売らなければいけなくなります。

「大変だろうけど、よろしくお願いいね」

「仕事は辛いことを耐えると給料が上がるんだ」

こんな声が聞こえてきそうです。
もう遠い、昭和みたいな話になります。

**【値上げのケース】**

売価1万円の商品で、利益3000円。
同じですね。
この商品を売価1万3000円に値上げします。
すると、1個あたりの利益が6000円になって利益が2倍になる。
ということは、半分売れば利益は同じということになる。
お客様をギリギリ半分まで減らしていいということです。

時間の余裕が出たその分、お客様との会話を増やす、従業員の教育もできる。
いいことずくめではないですか？
では値上げをするには、実際にどうしたらいいのか？
3つ、方法があります。

**値下げのケース**
**売価1万円で利益3000円の商品**

売価8000円に値下げすると……
利益1000円⇒利益は1/3

同じ利益を確保するためには
売上を3倍にしなければならない……

販売人員・労働時間・クレーム・在庫
⇒増加

**値上げのケース**
**売価1万円で利益3000円の商品**

売価1万3000円に値上げすると
利益6000円⇒利益は2倍

半分売れば
同じ利益額!!

# 値上げ3つの具体策

## 具体策1 ただ上げる

何も考えない。

ただ上げるんです。

これはこれで重要な戦略です。

たとえば、マクドナルドが値上げをします。

大ニュースになりますね。

でも、マクドナルドと較べたら小さいあなたのお店の商品の価格なんか、誰も知りません。

マクドナルドの値上げに気がつくのは、マスメディアが騒ぐからです。

ガリガリ君の値段が上がったことを僕たちが知るのは、マスメディアがニュースにする

値上げ　具体策1

ただ上げる

半分売れば
同じ利益額!!

からです。

僕たち中小企業の商品は、よほどのことがない限り、マスメディアには取り上げられません。

だから心配しなくて大丈夫です（笑）。

ただ上げればいい。

もしかしたら、気がつくお客様もいて、お客様が減るかもしれません。

でも、それで問題ありません。

先程のシミュレーションに従えば、30％上げれば客数は半分でいいはずです。

お客様を減らせば、色々と楽になります。

ではなぜ、皆さん、値上げに躊躇するのか？

**適正価格のワナ**というものがあります。

たとえば僕の周囲には、講演会と言えば普通、チケット代は2500〜3000円が相場だよねと、適正価格があると思っている人が結構います。

でも、ないんです。

適正価格なんて……。

そこにあるのは、需要と供給だけです。

需要と供給は合わせないといけません。

僕の初の講演会を、1人20万円にしていたら、お客様はゼロだったかもしれません。

これは、需要と供給が合っていないんです。

でも適正価格はない。

実際、僕が講演家としてデビューした頃には、講師登録して派遣されて、全国でしゃべっていました。

最初の講演料は、5000円でした。

それが今は、300万円です。

話している内容は同じです。

講演時間も同じです。

変わったのは何か?
需要と供給のマッチングです。
それが、価格なんです。

## 具体策2
## 価値を足して上げる

価値=付加価値と呼ばれるものです。
一般的に、価値は原価がゼロ円です。
いくつか、例を見てみましょう。

**・希少性がある**

これは第3部で説明しますが、ダイヤモンドがいい例になります。

**・専門家がいる**

その会社の希少性につながります。

**・長い歴史や物語がある**
これは会社や商品の信頼性につながります。

**・開発秘話がある**
先の物語に通じますが、誰もが驚く開発秘話は、間違いなく価値につながります。

**・有名人が愛用している**
インフルエンサーマーケティングと言われるものです。

**・特許がある**
ほかの企業には扱えないという特許があるのなら、使うことを考えた方がいいです。

**・コラボレーション**
これは最近、とても見直されていて、大企業ほどコラボを大切にしています。


ここまで挙げた7項目を、改めて確認することを勧めます。

実際、僕が中小企業の経営者とお話しすると、たとえばびっくりするような開発秘話がぼこぼこ出てきたりします。

皆さん、その価値に気がついていない。

こういうことをしっかりやってきたから、大企業の今があるんです。

## 値上げ　具体策2

# 価値を足して上げる

**価値は**

**原価ゼロ円！**

会社や、商品の中にある価値を見つけ出し、それをお客様にしっかりと伝える。

そうすれば、その価値は、価格に転化できるようになるはずです。

一番の手法は、広告になります。

「具体策1」の「ただ上げる」のケースと違い、ここでは伝えることにコストをかける必要があります。

事例を紹介します。

「名古屋から世界へ発信するアイウェアブランド」の「モンキーフリップ」さん。

名古屋は大須の眼鏡屋さんです。

ここの眼鏡の定番モデルが、1万5400～3万8500円です。

眼鏡業界の相場感で言うと、高いと思いますが、売れています。

なぜかというと、お店がお客様の教育をしているからです。

眼鏡を着替えるというスタイルを、スタッフさんが日々、お客様に提案している。

お客様が来店されると、「今日のグリーンのジャケットと、そのフレームは、完璧なコーディネートでいらっしゃいますね」と話しかけます。

さらに、

「ちなみに最近他でどのようなジャケットを買われました？」

「最近実は赤いジャケットを買ったんだ」

「ちょっと待ってください。それなら、これはどうですか？　赤とのコントラストに白とかって合うんですよ」

こういうやり取りをします。

これなら、買いますよね？

フレームの原価なんか関係なくて、眼鏡を付け替えるというサービスが付加価値になっている。

そういう接客をしている。

だから、高くてもいい。

## 価値＝価格

人は価値の違いがわからない物は、価格が安い物を購入する。だから、価値を伝えるのが商売である。

価値を設計し、認知を獲得するのが
**価値創造**

中小企業の場合、価値を伝えることが仕事です。

価値を設計して、認知を獲得することが価値創造です。

こんなに付加価値があるんですという説明をするのが仕事です。

**価値＝価格**

売ることが仕事ではない。

ちなみに、「ＹＡＫＩＮＩＫＵＭＡＦＩＡ ＩＫＥＢＵＫＵＲＯ」というのは、毎日毎日、すごく長い営業報告を送りつけてくる焼肉屋です（笑）。

その営業報告の中で、一番たくさん書かれ

ている内容が、ステージパフォーマーが作り出した売上。

追加のお肉やドリンク、コースのグレードアップなど、コミュニケーションによって生み出した金額をステージパフォーマーの個人売上として報告してきます。


つまり、焼肉屋ですけど、肉を焼いているだけではない。

ステージパフォーマーが、価値を説明して売っている。

それが仕事です。

仕事は価値を生み出すこと、という実例です。

## 具体策3 とてつもなく高くする

人間というのは不思議で、高い物は相対認知で価値に変換されます。

高いというだけで価値になることがある。

価値があるから高いのではなく、高いから価値があるだろうと、勝手に脳内変化が起きる。

## 値上げ　具体策3

### とてつもなく高くする
### 高い物は、相対認知で

**価値に**
**変換される！**

それを取ります。
売れなくても構わない。

鴨頭嘉人の個人コンサル、３時間で
１２０万円です。
その僕が、60分のコンサルを20万円で出すと、世の中の人はどう思いますか？
安いと思います。
１２０万円のコンサルは売れなくても大丈夫です。
鴨頭嘉人の価値を高めることに意味があります。
対談の価格とか、全部が上がります。
今、企業講演は３００万円です。
講演家の相場は、人気の講演家でだいたい1講演30万円。

僕が出てくるまで、トップは70万円でした。
100万円超えは0人でした。
僕が変えているんです、この業界を。
こんなんじゃ後輩が食えないからですよ。
安売りする人というのは、言ってみれば、自分のことしか考えていない。
後輩たちとかのことを考えていない。
僕はそう思っています。
僕は僕の後輩たちも食えるように、先に価格を上げに行こうと思っています。
買う人がいたら、その人にとって適正価格ですから。
高いと思うのでしたら買わなければいい。

とてつもなく高くする。
これも、4つの事例を紹介します。

大阪のおでん屋さん「たこ梅」の「たこ梅応援暴走コース」。
いいネーミングです（笑）。
このコース、5万円です。

### 大阪老舗おでん店「たこ梅」のケース

日本最古のおでん屋として人気を博している「たこ梅」
会員限定の「たこ梅応援暴走コース」5万円

コース価格は5000円、8000円、1万円、3万円、5万円と設定。
3万円コースを利用したお客様はいなかったにもかかわらず、
5万円のコースを利用したお客様がいた。

商品に「楽しさ」「体験」を付け加えると
一番高い物が売れることが多い。

**「楽しさ」と「体験」は、**
**最強の値上げ要因**となる

### 山形の和菓子屋「出羽の恵み かすり屋本店」のケース

「1.8kgのハート形どら焼き」を1万300円で販売。

商品がより「楽しさ」や「体験」を生み出すものになり
誕生日、結婚記念日、還暦祝いなどのプレゼント用に売れ始める。
「菓子」の認識から「プレゼント商品」へと変化。

価格を180円から200円にするより、1万300円と大幅に上げた価格で勝負すると、

お客様の思考が変わり、どら焼きを**購入する「意味」も変化してくる。**

コースの価格を5000円、8000円、1万円、3万円、5万円と、5種類出しました。

3万円のコースは誰も買わなかったのですが、5万円は買う人がいます。

こういうことが起きます。

相対認知ですね。

どうせ3万円を払うのなら、5万円のほうがものがいいかもしれない。

であれば、高くてもそちらを買ったほうがお得だと思う。

ご近所の常連さんは、5万円のコースは買いません。

遠方からわざわざ来た人が、せっかくだからと、5万円のコースを選びます。

「たこ梅応援」と書いてあるところがミソです。

完全な応援商品。

フードコストとか原価とか、関係ない。

むしろ、できるだけ原価をかけないほうが、買う人が喜びます。

そこにお金をかけてしまうと応援になりません。

極端に言うと、リターンなしのクラウドファンディングみたいな応援になります。

山形の和菓子屋「出羽の恵み かすり屋本店」。

## 京都のあられ菓子店「宗禅」のケース

「黄金亀」という金箔あられ「2粒10万円」。

桐箱や漆の器に入れられ、
**職人技術を駆使したパッケージを施すこと**で、
10万円という異次元の価格がつく。

お祝いニーズなどとして重宝され、
海外からも取引の依頼が来る。

1・8kg、1万300円のハート形のどら焼きを販売しています。

どら焼きは、基本コモディティ・ビジネスの範疇ですので、「日本一たい焼」のように、180円を200円にするのもいい。

しかし、ここまでの高額商品になると、意味が違ってきます。

特別なプレゼントになる。

結婚式、就職などのお祝い品として購入できる。

そこがポイントです。

価格を大幅に変えると、そういうことが起きやすくなる。

京都のあられ菓子店「宗禅《そうぜん》」には、「黄金亀」という2粒10万円の金箔を施したあられもあります。

最上級のあられ１０００粒の中から最高の形と紋様の２粒を選び、店主自らが金箔をはり合わせる。

さらに京都清水焼の皿、加賀塗の器、西陣織の巾着、奈良の桐箱などを用いて最高峰のお祝いの品としている。

こういう商品は、入れ物も大事になります。

そうしたプレゼンテーションも含めたすべてが、価値として意味を持ちます。

お祝いだからといって、間違ってもあられ２０００粒を贈ってはいけません（笑）。

それは単なる迷惑です。

値段と、写真をネット上にアップしたときのインパクト。

お店のＰＲにもなりますし、海外から取引の依頼も来ているそうです。

ちなみにこれは、一つのお客様心理なのですが、高い物が商品ラインナップにあると、ほかの商品もいいものだろうと、商品全体のイメージアップにもつながります。

これも「とてつもなく高い」商品を置く利点の一つです。

もう一例です。


「WAGYUMAFIA」という「YAKINIKUMAFIA」の上位本部があります。

その中目黒店には1箱5万円のカツサンドがあります。

4等分されているので、1切れ（一口で入ります）1万2500円。

これがインバウンド客に飛ぶように売れています。

カツサンドを食べに来ているんじゃない。

世界一高いカツサンドは日本の中目黒にしかないから、日本に行ったら買うなんです。

別名、ベッカムサンドって言われている。

デビッド・ベッカムが好きでインスタグラムに上げたからです。

インフルエンサー効果ですね。

5万円のカツサンド、仮に1日20箱しか売れなかったとします。

いくらですか？

100万円ですね。

もしも30日売れたら3000万円です。

わかりますね？

これもまた、極端に高くすることによって、価値が変わった例です。

まとめます。値上げの方法は3つ。

**1　ただ上げる**
**2　価値を足してあげる**
**3　とてつもなく高くする**

同時に複合でやっても構いません。

たとえば元々持っているメニューはそのままただ上げて、その中で1個、すごいストーリーがある商品を、もっと値上げする。

もちろんタイミングをずらしてもいい。

この3つは、どういうやり方をしても、すべて使うことができますので、覚えておくといいです。

一つだけ、値上げ全般に関して、そこで生じる阻害要因についても触れておきます。

これは、直接的な値上げではないのですが、お店全体の客単価を上げようとした時に起こったケースです。

トヨタカローラ博多で、こういうことがありました。

新しく赴任した店長、池田さんが店舗スタッフに、客単価アップのために、ガソリン添加剤をお客様にお勧めするということを社内で提案しました。

するとスタッフからは、「うちのお客様は値段にシビアだから、高い商品はどうせ断られるに決まっています」と反対にあいます。

池田店長はそれから時間を投資し、従業員と共に、商品についての勉強会、接客、ロールプレイ、看板の設置などを行い、商品をわかりやすく説明するツールも用意しました。

すると当初の販売数は月3個だったものが、1カ月後には1日に11個売れるようになりました。

池田店長は商品が売れなかった原因はお客様ではなく、社内であったということに気づいたそうです。

ここでの気づきは、とても大事です。

値上げに対して抵抗するのは、お客様ではなく、従業員だったというケースが往々にしてあります。

「社長、勝手に値上げなんかして、お客様のクレームを受けるのは、私なんです」と言う従業員です。

でもそれは、単なる従業員の情報不足に過ぎない。
例として挙げたトヨタカローラ博多は、説明をしっかりすれば、そういう従業員の情報不足はクリアできるという事例です。

ぜひ、丁寧に説明してあげてください。

## ありあまっている日本のお金

実は、日本のお金があまっていることは、皆さんもわかっていると思います。
２０２１年12月末、家計の金融資産は、前年比４・５％プラスの２０２３兆円。
個人が２０２３兆円持っている。
特に、コロナ禍でお金を使わなかった富裕層のお金があまっています。
富裕層は、１年間に海外旅行で数百万円から数千万円使うと言われています。
そのお金があまっている。

家計の金融資産の内訳では現預金が3・3％増で1092兆円。

銀行と郵便局に1000兆円ということです。

今、銀行の利率は、0・02％。

100万円を預けて200円の計算です。

さらに第1部で解説したように、円の価値が30％くらい下がっています。

1000万円を銀行に預けていたら、700万円の価値しかないという計算になります。

300万円は、何もせずに自分たちで減らした価値です。

ちなみに、日本の現預金52％、ヨーロッパ35％、アメリカ13％。

投資、アメリカ47％、ヨーロッパ25％、日本16％。

銀行にお金を預けているような人たちから、お金を引き出したい。

このままでは、日本経済がダメになります。

消費パワーのない人たちが現預金を持って、消費パワーのある人はお金がないという構図を、すぐにでも是正したい。

現状、僕たちができることで言うと、このバランスをよくするために、賃上げ、値上げをアピールしていくしかないと思っています。

## 少子化がすべての要因

結局は、少子化なんです。

なぜこんなに少子化になっているかというと、子供を生む人が減ったのではなく、結婚する人が減ったからです。

結婚している夫婦から生まれる子供の数は、戦後から大きく変わってはいない。

婚姻率は半分以下になっている。

結婚しない理由はお金です。

男性で年収８００万円以上の人は80％以上が結婚しています。

ところが、男性で年収が３００万円未満の人は、なんと29％しか結婚していない。

７割が、結婚できない、もしくはしない。

だから子供が増えない。

今政府が進めている少子化対策は、「児童手当など経済的支援の強化」「学童保育や病児保育、産後ケアなどの支援拡充」「働き方改革の推進」というように、子育て支援です。

少子化対策ではない。

もう既に結婚して、子供が生まれた人をサポートしている。

そこにお金を入れても、出生率は変わらないと思います。

結婚できなくなったことが問題ですから。

それを解決するためにお金を入れないと、少子化対策にはならない。


本題に戻ります。

この先も少子化という状況は、変わらない。

人口が減って労働人口が減少していく中での中小企業の一番の改善アクションは、人を採用することではありません。

値上げをして、人を採用しないことです。

でも、この発想を持てる経営者が、中小企業にほとんどいないのが現実です。

「YAKINIKUMAFIA IKEBUKURO」がオープンした時、スタッフは14人ぐらいでした。

今は10人です。

しかし、売上はオープン時に較べて、3倍以上になっています。

従業員は減りましたが、人手は足りています。
それは、値上げをしたからです。
さらに人材育成もできて、生産性も向上している。

優秀な経営者は売上を伸ばさずに利益を確保することに注力する。
そうすれば、お客様を増やさなくていい。
スタッフ採用に追われなくていい。
この方向に進むのが、能力の高い経営者だというふうに僕は思います。
今日本で、伸びている業界はない。
売上を増やさないで利益を確保する。
それしか、ありません。

## 賃上げ戦略

賃上げは戦略的に行う必要があります。

「とりあえず賃上げ」は、絶対にダメです。

なぜなら、賃上げ倒産の可能性もあるからで、ここは明確に釘を刺しておきます。

賃上げには、３つの目的があります。

**1　人手不足（売上機会損失）の解決**

**2　社会貢献（消費意欲の向上）**

**3　社員にいい顔をしたい（余裕ある下心）**

**2024年版「賃上げ」戦略**

「賃上げ」は**戦略的に実行**する
⇒賃上げ倒産は絶対にしてはならない

賃上げ3つの目的

目的**1**　人手不足（売上機会損失）の解決
目的**2**　社会貢献（消費意欲の向上）
目的**3**　社員にいい顔をしたい（余裕ある下心）

## 目的1 人手不足（売上機会損失）の解決

そもそも、人手不足という言葉自体が、非常に曖昧な単語だということを覚えておいてください。

みんな、人手不足と言います。

場合によっては、人手不足という言葉は、スタッフさんの怠慢が招いている表現かもしれません。

もっと言えば、経営陣の無知がもたらしている言葉かもしれません。

本当に人手不足なのか、売上機会損失をしているのか、事例で見てみましょう。

仮に人手不足を2名だと感じていて、年収500万円の社員を採用したら1000万円の人件費アップです。

利益率10％の会社なら、1億円の売上増加の見込みがあれば、即採用です。

## 目的1　人手不足（売上機会損失）の解決

人手不足を2名だと感じていて、年収500万円の社員を採用したら、1000万円の人件費アップ。利益率10％の会社で、1億円の売上増加の見込みがあるなら、即採用。
⇒もしもそうならないのなら、課題は人手不足ではなく、「生産性向上」だ。

1　少数運営システムへの改善
自動決済システム、セルフサービスシステム、自動発注システム、AIの導入、外部委託
2　利益率が10％アップするビジネスモデルの構築
3　人件費を吸収できる値上げ　要シミュレーション

もしそうでないならば、課題は人手不足ではなく、生産性向上になります。

生産性向上には、3つのポイントがあります。

1　自動決済システム、セルフサービスシステム、自動発注システム、AI、外部委託などを導入した上での「少数運営システム」への改善

2　利益率が10％アップするビジネスモデルの構築

3　人件費を吸収できる値上げ

まず、基本的にこれからは人を採用できない、採用できたとしてもお金がかかるという前提があります。

昔はたとえば、サービス業界の社員の採用コスト（人材募集、面接、選考、内定・内定後フォロー、入社の各々のプロセスにおいて生じる費用）は、1人あたりは50万円ぐらいが平均でした。

しかし、このコストも、年々増加しています。

そういう状況下では、1番目の自動決済システムや、セルフサービスシステム、AIの導入などで、採用に頼らない生産性の向上にチャレンジするべきです。


2番目の利益率が10%アップするビジネスモデルの構築については、これまで解説してきた通りです。

利益率が上がれば、売上アップにまい進する必要がなくなります。

人員を増やして売上を増やすのではなく、ビジネスモデル自体の確認と構築を図ることが大切です。


3番目の人件費を吸収できる値上げは、「2」とも被りますが、人員を増やす方向ではなく、値上げによってその人件費を吸収できるかのシミュレーションが必要です。

## 目的2 社会貢献（消費意欲の向上）
## 目的3 社員にいい顔をしたい（余裕ある下心）

ここは2つ、お互いにからんでくるところですので、まとめて解説します。

大きく分けて、「ベースアップ戦略」と「能力給戦略」があります。

ベースアップは、全員一律で上げる戦略で、能力給は、上げる人と、上げない人を作る戦略。

「ベースアップ戦略」は、採用戦略として実施します。

まず、競合に勝つ採用賃金を提示することで、結果的に採用ブランドの向上につなげます。

どれぐらい上げるかは、マーケットの平均賃金や採用できている他社の賃金などを調べます。

ゴールは、「高度人材採用による利益率向上」ですので、採用ができないと意味がない。

投資も回収できません。

目的**2**　社会貢献（消費意欲の向上）
目的**3**　社員にいい顔をしたい（余裕ある下心）

**【ベースアップ戦略】**

- 採用戦略として実施
- 競合に勝つ採用賃金
- 採用ブランド向上
- 高度人材採用で利益率向上

**【能力給戦略】**

- 高度人材流出の抑制
- 意欲向上による生産性向上
- 高度人材採用で利益率向上
- リストラによる利益確保

「ＹＡＫＩＮＩＫＵＭＡＦＩＡ　ＩＫＥＢＵＫＵＲＯ」の学生向けのインターン募集を実例として紹介します。

今、「ＹＡＫＩＮＩＫＵＭＡＦＩＡ　ＩＫＥＢＵＫＵＲＯ」のインバウンド比率は60％を超えていて、外国語のできる人材が毎日いないと立ち行かない状況になっています。

外国語のできる優秀な人材を採用するためには、ベースアップしかありません。

高度人材採用です。

そこで、外国語専門学校、ホテル専門学校、立教大学の異文化コミュニケーション学部などの学生をターゲットに、インターン募集を行います。

時給は、１６００円。

東京の最低賃金が１１１３円、平均募集時

給は業種によって差はありますが、飲食業で1400円くらいです。

そこで、飲食業の平均より200円高い、1600円で募集をかけます。

このことによって、高度人材を雇用する可能性が高まりますし、高い給料を出すという、お店のブランド価値アップにもつながります。


ちなみに、AI業界の人材採用では、年収2000万円で募集がかかっています。

初年度から2000万円出す会社がたくさんある。

しかしこれでも、世界的に見れば安いそうです。

アメリカの企業になると、3000万～4000万円出す会社があるそうです。

だから人材を取られてしまう。

残念ながら、この先、日本にAI人材は残らないのではないかとすら、言われています。

これが採用戦略であり、ベースアップ戦略での取り合いを意味します。


次に、「能力給戦略」。


給料を全員一律で上げないことが肝です。

上げる人材を特定することで、高度人材流出の抑制、意欲向上による生産性の向上につなげます。

やる気のない人材の給料を上げても、誰の意欲も高まらない。

しかし、経営者はこの逆のことをやりがちです。

社員の意欲が低いから、給料を上げればきっと意欲が高まるだろうと……。

これは大間違いです。

P19で解説したエンゲージメント（ここではわずか5％でした）も含めた高度人材こそ、賃上げをすることが大事です。

ぜひ、試してもらいたいのですが、元々の意欲が高い人の給料を上げると、その効果は、本当によくわかります。

中小企業の経営者は、社員の悩みにフォーカスしてはいけません。

社員の未来にフォーカスする。

社員が今、人手不足ですとか、値上げをしたらお客様からクレームが出ると思いますとか言ってきても……。

そんな戯言にフォーカスしてはいけない。

社員には見えていないことがあります。

自分の未来。

## 中小企業経営者は
## 社員の悩みにフォーカスしない
## 社員の未来にフォーカスする！

# 上から下は見えるが
# 下から上は見えない

会社の未来。

お客様のインサイトもわからない。

見られるのは、経営者だけです。

ですから、経営者は社員の未来をより良いものにするためにも、社員の意見を聞いてはいけない。

社員の悩みなどに寄り添ってはいけない。

それが中小企業です。


**「上から下は見えるが、下から上は見えない」**

社員の仕事は明確です。

経営者が経営判断を間違えないような情報を提供する。

それが、社員の仕事です。

# インバウンド戦略2・0

## 2030年問題

第1部で、人口減、そのことに起因するマーケットの縮小、労働力人口の減少について解説しました。

少子高齢化の進行によって2030年に表面化するであろうと考えられている問題を、総称して2030年問題と言います。

人口減少でお客様が減り、人材不足で働く人が少なくなり、消費の低下でマインドがどんどん下がり、経済成長率・GDPも低下し、社会保障制度の支出が増加し、さらに原価の高騰、国際競争力不足で買い負けが起き、円の下落で利益が減る……。

これが2030年問題です。

再び、暗澹としますね。

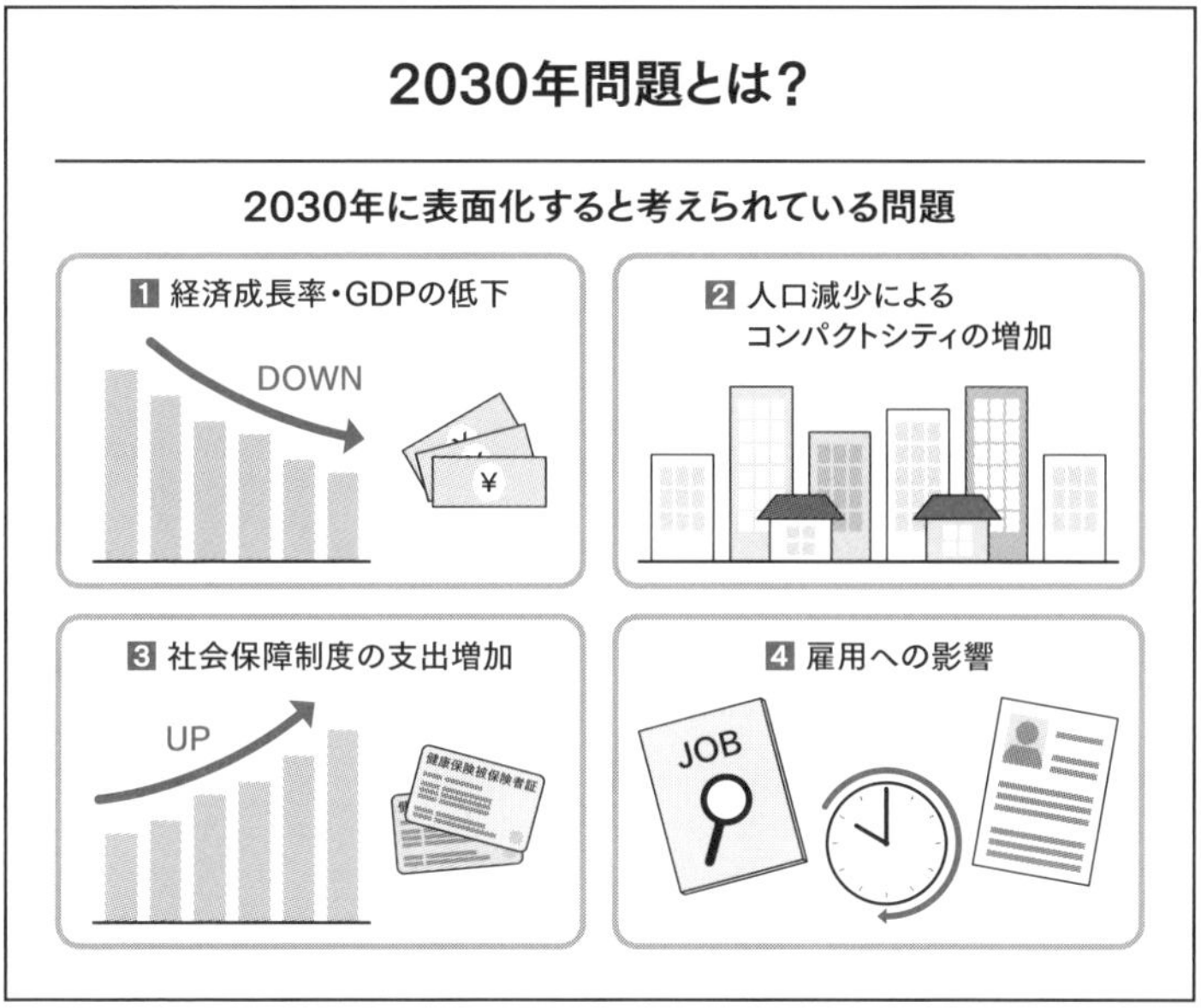
2030年問題とは？
2030年に表面化すると考えられている問題
1 経済成長率・GDPの低下
DOWN
¥
2 人口減少による
コンパクトシティの増加
3 社会保障制度の支出増加
UP
健康保険被保険者証
4 雇用への影響
JOB

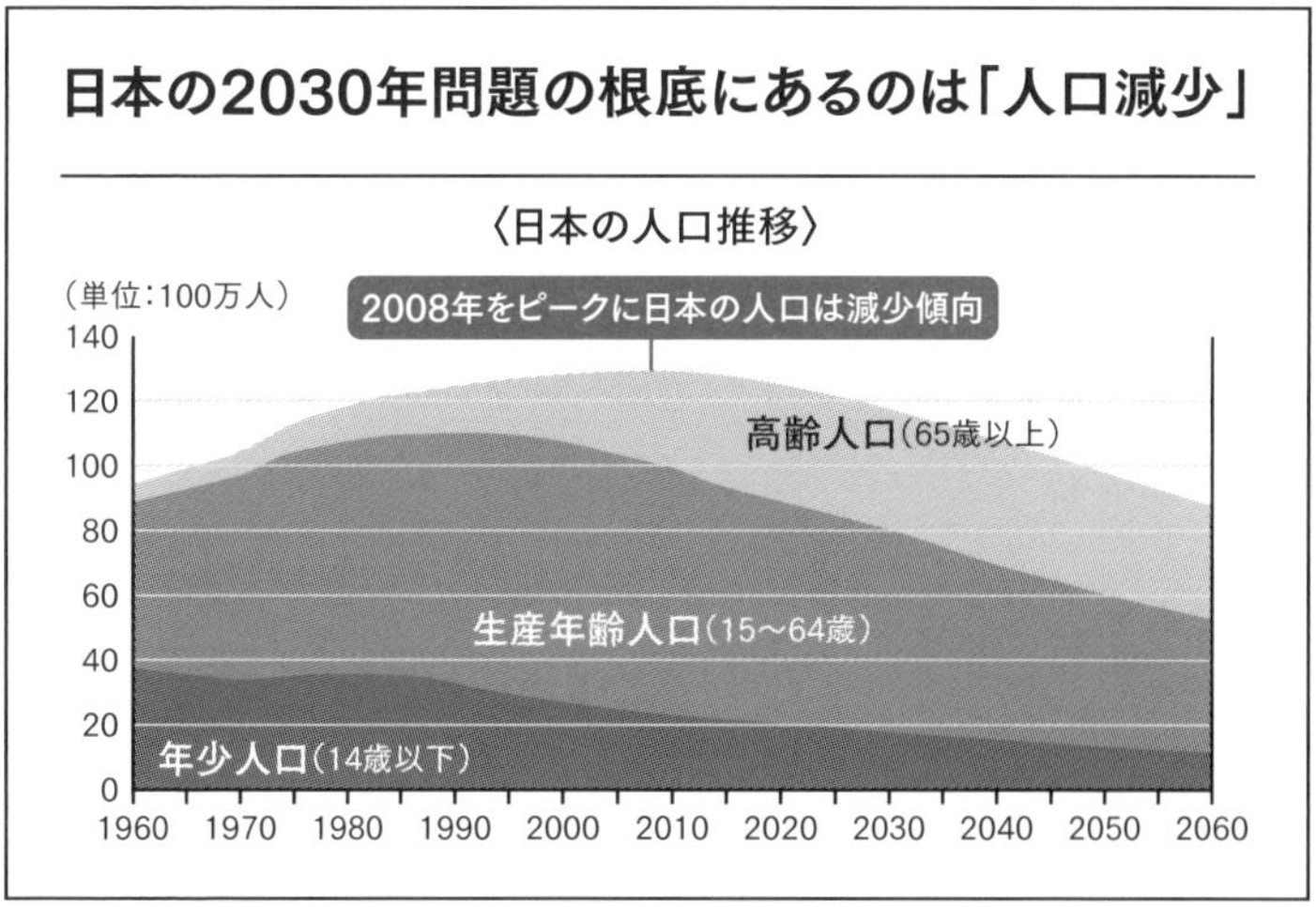
日本の2030年問題の根底にあるのは「人口減少」
〈日本の人口推移〉
（単位：100万人）
2008年をピークに日本の人口は減少傾向
高齢人口（65歳以上）
生産年齢人口（15～64歳）
年少人口（14歳以下）
140
120
100
80
60
40
20
0
1960
1970
1980
1990
2000
2010
2020
2030
2040
2050
2060

これも既に解説しましたが、2030年問題の根底にある問題が、人口減少、少子高齢化です。

高齢者の人口はそれなりのボリュームがあるまで生産年齢人口、価値を生み出す人の割合が下がるので、2030年には今の日本の経済システムはほぼ崩壊するであろうと。

残念ながら、これは確定した未来です。

この状況をすべてプラスに転換するアクションの一つが、インバウンド戦略です。

今、もう既に3000万人が海外から日本に来ています。

そして、2030年までにこの人数を6000万人にすると政府が発表しています。

ここに、「インバウンド市場規模の予測」があります。

2019年に較べて、人数を2倍弱、消費額は3倍強という目標を、国策として謳っています。

その目標に従えば、インバウンドの消費額は2030年に15兆円になります。

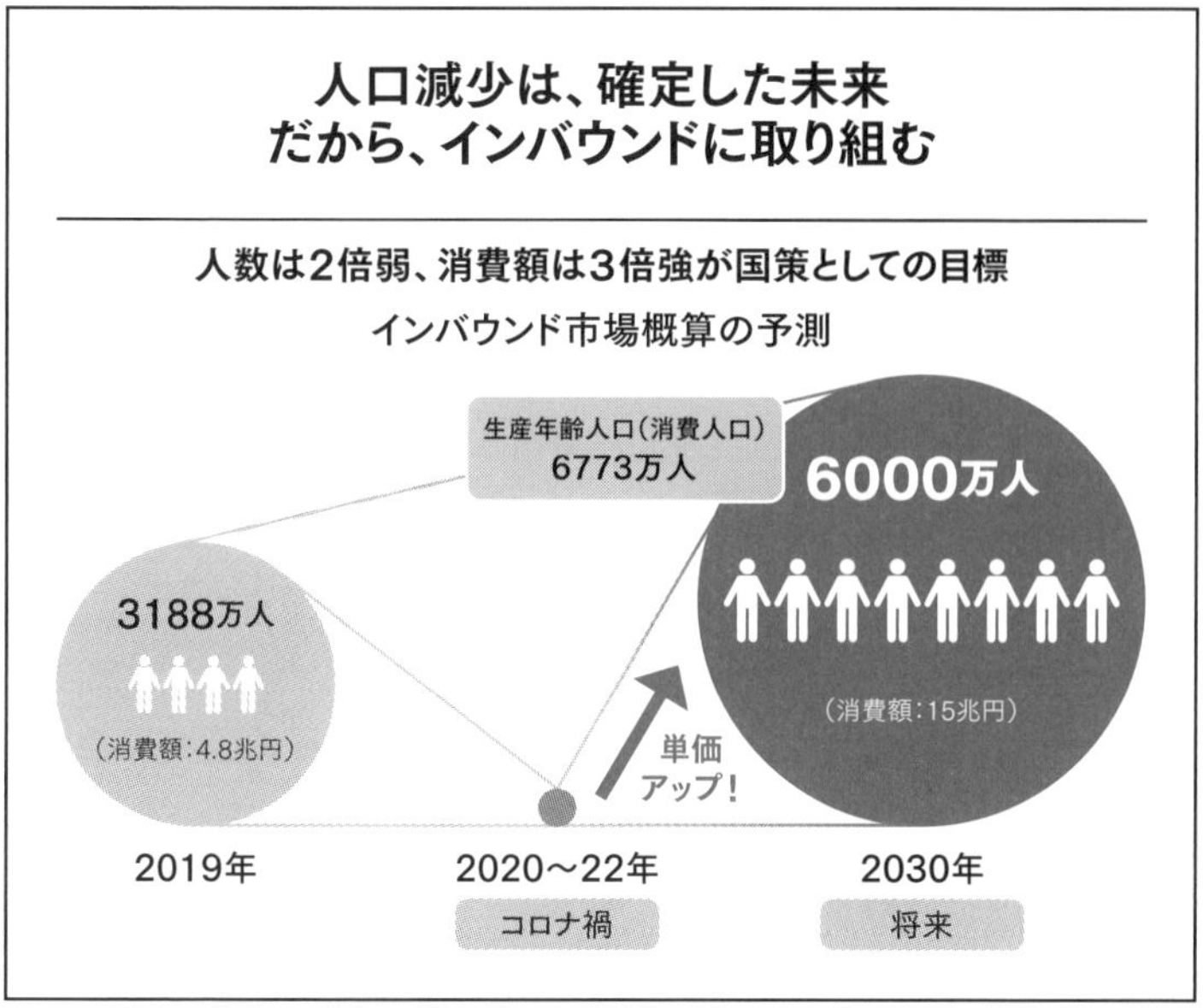
人口減少は、確定した未来
だから、インバウンドに取り組む
人数は2倍弱、消費額は3倍強が国策としての目標
インバウンド市場概算の予測
生産年齢人口(消費人口)
6773万人
3188万人
(消費額:4.8兆円)
6000万人
(消費額:15兆円)
単価
アップ!
2019年
2020〜22年
コロナ禍
2030年
将来

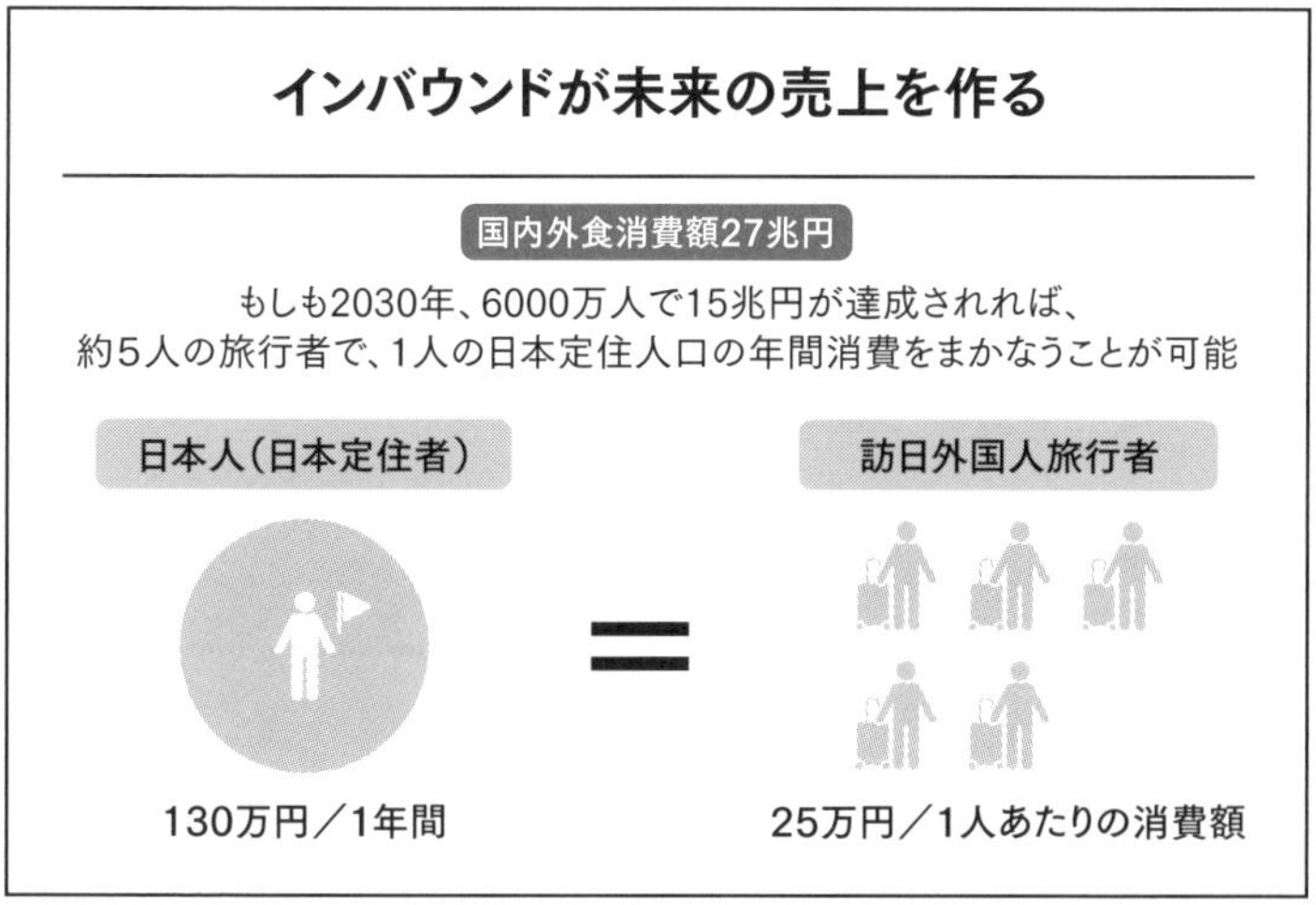
インバウンドが未来の売上を作る
国内外食消費額27兆円
もしも2030年、6000万人で15兆円が達成されれば、
約5人の旅行者で、1人の日本定住人口の年間消費をまかなうことが可能
日本人(日本定住者)
訪日外国人旅行者
130万円/1年間
25万円/1人あたりの消費額

僕はこの数字、実現可能だと考えます。

風光明媚で自然にあふれていて、食べ物が美味しくて、治安は世界でもトップクラス。

むしろ、今までが観光客、少なかったんです。

実際、2022年のダボス会議（毎年行われる世界経済フォーラム（WEF）の年次総会ですね）でも、日本は交通インフラや文化、自然資源の分野で高評価を得て、初めて首位になっています。


6000万人、僕は来ると思います。


6000万人で15兆円が達成されるということは、単純計算で、一人あたりの消費額は25万円です。

日本人1人が、日本に住んでいる時に消費する1年間の金額を、訪日外国人旅行者約5人でまかなえる計算です。

観光客のパワーを考えれば、納得できます。


僕たち日本人だってそうです。

観光に行けば、普段使わないものにもお金を使います。

沖縄に行ったら、オリオンビールのTシャツなんかも買ってしまう。

東京にいたら絶対に買わないのに……。

それは、外国人だって同じです。

インバウンドとはそういうものと考えていいと思います。

日本に来ている時にしかできない体験なら、訪日客はいくらでも払う。


さらにもう一度、念を押します。

2030年時点、日本の労働人口は6400万人程度です。

6400万人の日本人と、消費パワーの強い6000万人のインバウンドが消費者の総計ということになります。

インバウンドをマーケットとして考えないということは、既にその時点で、半分のマーケットで勝負しないといけないということになってしまう。

インバウンドが未来の売上を作ると言っても過言ではないのです。

## 成功のカギはUGC

「YAKINIKUMAFIA IKEBUKURO」は既にコロナ禍中から、インバウンド戦略を仕込んでいました。

ですから、僕としては、**「早く来い来い2030年」**です。

ここで、現時点での事例、色々と採ってきたデータを公開します。

まず、インバウンド戦略の成功はUGCの設計で決まります。

UGCというのは、「User（ユーザー）Generated（ジェネレイティッド）Contents（コンテンツ）」の略ですね。

ユーザーが発信する情報によって、ウイルスのように広がることです。

「バイラルマーケティング（インターネットやメールによって、口コミを利用して不特定多数に広まるよう仕掛けていくマーケティング手法）」ですね。

これをできるかどうかが肝になります。

インバウンド戦略の成功は

**UGCの設計で決まる**

User Generated Contents
（ユーザー生成コンテンツ）

**成功までの道筋**

---

ポイント1　インバウンドのニーズがあるか随時観測する

ポイント2　インフルエンサーマーケティングで
インバウンドのお客様を呼び込む

ポイント3　来店したお客様からGoogleマップの
口コミを獲得する

ポイント4　Google口コミ評価4.7を武器に
Google広告を実施

普通、インバウンド戦略と言ったら、インバウンドの人が見ているサイトに広告を打ってくださいで終わりです。

でも僕たちは違います。

UGCで考えています。

もちろん、サイトも使うし、広告も使うし、インフルエンサーマーケティングもやります。

でも、そこにUGCが設計として組み込まれているかどうかが、大きな違いになってきます。

UGCをベースにした、成功までの道筋には4つのポイントがあります。

## ポイント1
## インバウンドのニーズがあるか随時観測する

まず、インバウンドのニーズがあるかをちゃんと確認していくことが重要です。

サービスや製品、自分の価値を売りたい国の言語で月間検索数を調べて、インバウンドがそれに興味を持っているかどうかを確かめておく。

検索数がゼロなら、狙いたい国のお客様の要求はゼロということです。

検索＝顧客欲求であると知るべきです。


どのようなキーワードでGoogleマップにたどり着いたか。

「YAKINIKUMAFIA IKEBUKURO」でしたら、「yakiniku」なのか、「wagyu」なのか……。

日本人が検索するキーワードとインバウンドが検索するキーワードには違いがあります。

日本人である僕たちとは違う検索がある可能性があります。

それを確認するには、さまざまなキーワードを試してみるしかありません。

そのデータを取って、顧客の欲求をより、解像度高く知ることが重要です。

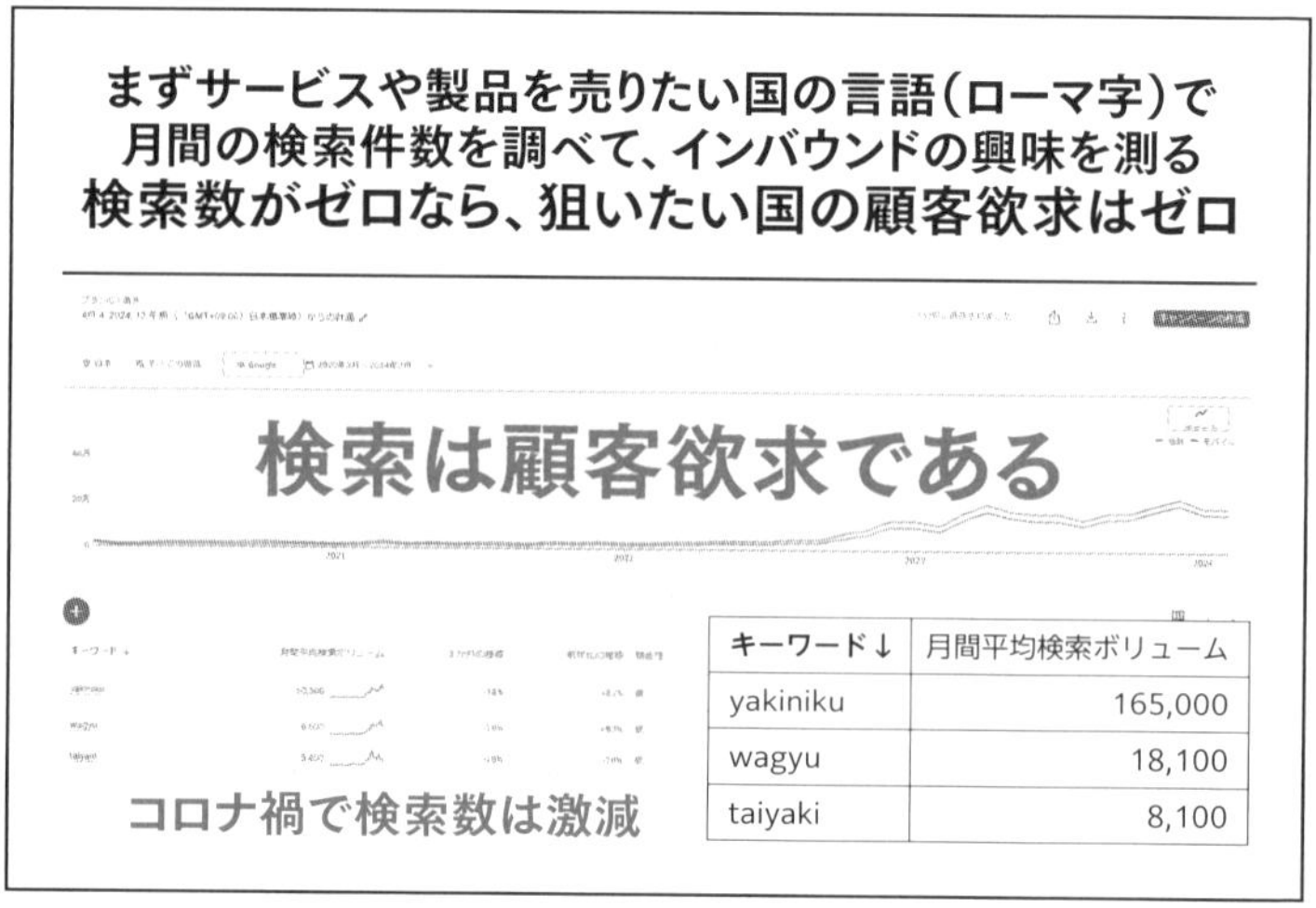
まずサービスや製品を売りたい国の言語（ローマ字）で
月間の検索件数を調べて、インバウンドの興味を測る
検索数がゼロなら、狙いたい国の顧客欲求はゼロ
検索は顧客欲求である
コロナ禍で検索数は激減
キーワード↓ 月間平均検索ボリューム
yakiniku 165,000
wagyu 18,100
taiyaki 8,100

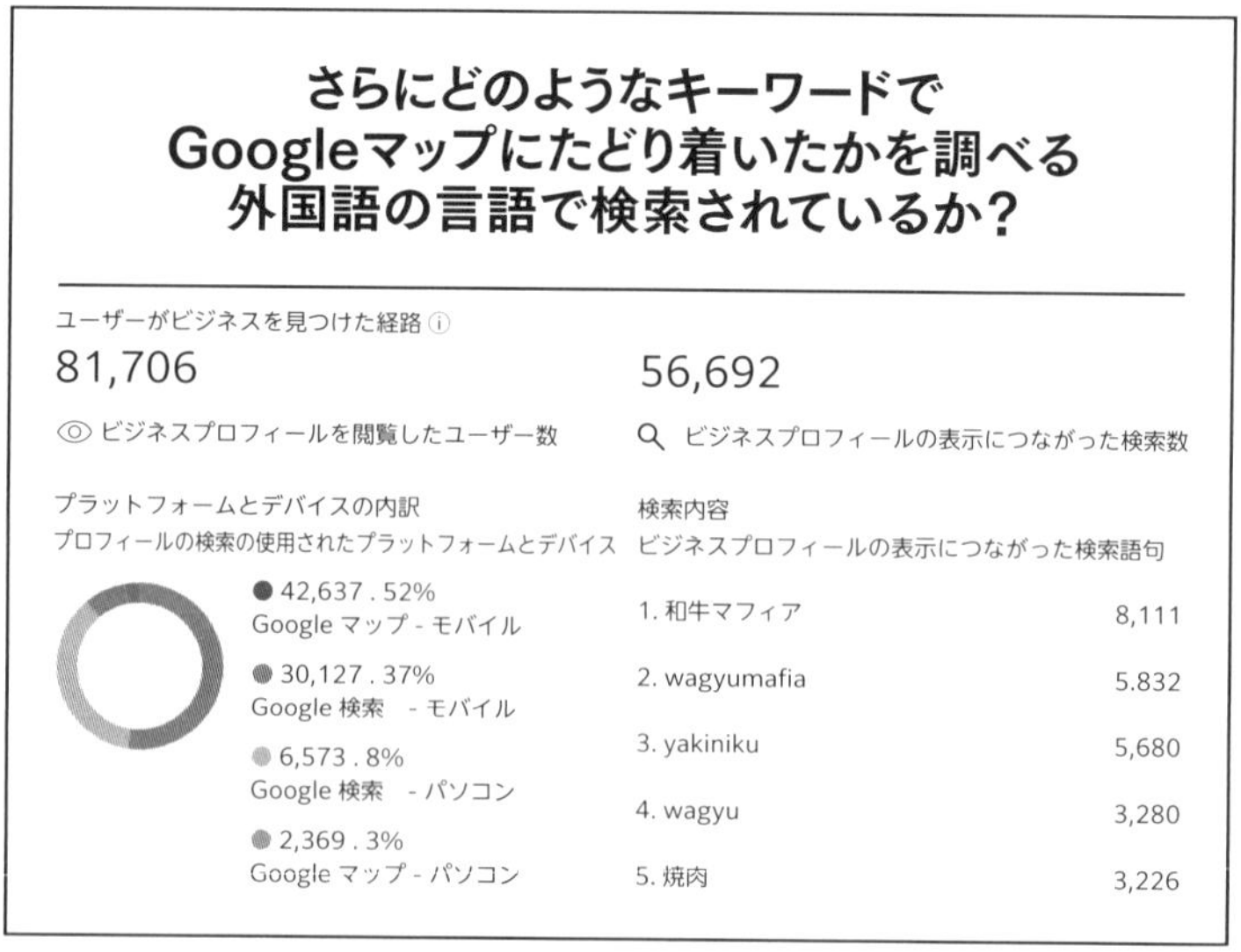
さらにどのようなキーワードで
Googleマップにたどり着いたかを調べる
外国語の言語で検索されているか？
ユーザーがビジネスを見つけた経路
81,706
ビジネスプロフィールを閲覧したユーザー数
56,692
ビジネスプロフィールの表示につながった検索数
プラットフォームとデバイスの内訳
プロフィールの検索の使用されたプラットフォームとデバイス
42,637 . 52%
Google マップ - モバイル
30,127 . 37%
Google 検索 - モバイル
6,573 . 8%
Google 検索 - パソコン
2,369 . 3%
Google マップ - パソコン
検索内容
ビジネスプロフィールの表示につながった検索語句
1. 和牛マフィア 8,111
2. wagyumafia 5.832
3. yakiniku 5,680
4. wagyu 3,280
5. 焼肉 3,226

## ポイント2
## インフルエンサーマーケティングでインバウンドのお客様を呼び込む

これは実際にやってみてわかった部分もあるのですが、インフルエンサーマーケティングで一番重要なのは、誰に頼むかです。

まず、ターゲット国を決めます。

「YAKINIKUMAFIA IKEBUKURO」の場合は、英語圏、特にアメリカを取ると決めていたので、ターゲットは英語圏に絞りました。

そこで、英語を使う国のインフルエンサーに依頼をするために、インスタグラムを必死に調べた。

検索キーワードも入れます。

「wagyu」「JAPAN」「restaurant」「japan restaurant」「JAPANwagyu」

## インフルエンサーマーケティング<br>成功のキーワード

- ターゲット国の割合
- 保存率およびコメント率
- 配信時間

## 「YAKINIKUMAFIA IKEBUKURO」はアメリカを狙うため、アメリカ人にリーチできるアカウントかどうかを確認することが重要！

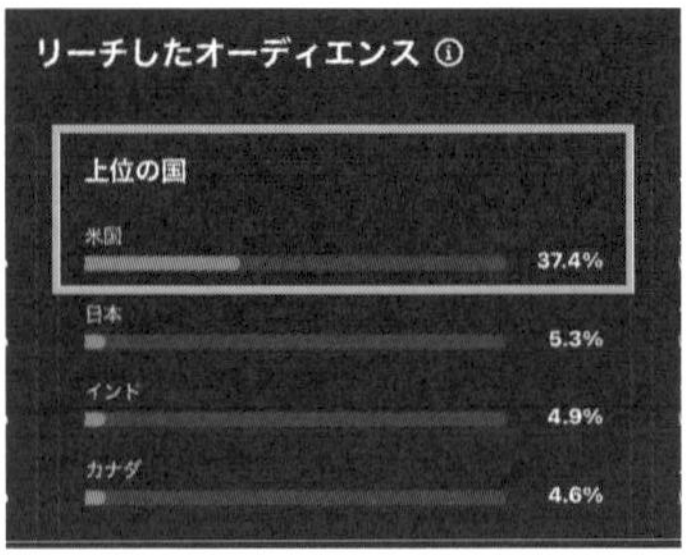


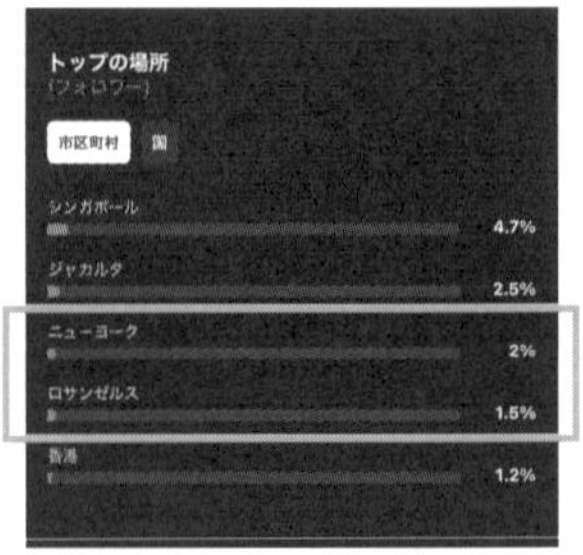

という具合に、全部入れていく。


その上で、たとえば、アメリカ人にリーチできるアカウントかどうかを確認します。

アメリカ人のユーザーが見ているアカウントかどうかをチェックするんです。

どこの土地の人が見ているかというのも、全部チェックします。


この先は、とにかく、上記条件に当てはまるアカウントに、のべつまくなしに依頼します。

そのデータをまとめたのが、次ページの表です。

こういうデータ、どこも持っていないと思います。

本邦初公開です。


通常は、フォロワー数とリール動画の再生回数だけで判断しがちです。

このデータでも、フォロワー数でいうと、約60万人いる「hungryhugh」がダントツです。

コメント率も悪くない。

でも、保存率は低い。

そこから導き出される売上も決して良くないです。

**「YAKINIKUMAFIA IKEBUKURO」はアメリカを狙うため、アメリカ人にリーチできるアカウントかどうかを確認することが重要！**

| Instagramアカウント名 | Instagram経路 1週間売上 | Instagram経路 1ヶ月売上 | フォロワー数 | リール 動画 再生回数 | コメント 数 | 再生回数 における コメント率 | 保存数 | 再生回数 における 保存率 |
|---|---|---|---|---|---|---|---|---|
| ohakojp | ¥130,100 | ¥833,000 | 117,000 | 356,253 | 82 | 0.02% | 2,342 | 0.66% |
| ohakojp | ¥272,775 | ¥2,398,248 | 117,000 | 350,626 | 80 | 0.02% | 7,215 | 2.06% |
| shotaspov | ¥67,920 | ¥575,560 | 170,000 | 26,589 | 15 | 0.06% | 173 | 0.65% |
| kojimochi | ¥143,920 | ¥628,060 | 194,000 | 59,531 | 42 | 0.07% | 397 | 0.67% |
| stefatty_ | ¥236,900 | ¥1,245,600 | 64,000 | 51,003 | 31 | 0.06% | 1,165 | 2.28% |
| Japania | ¥604,200 | ¥1,900,700 | 132,000 | 289,502 | 329 | 0.11% | 6,352 | 2.19% |
| nikieatsjapan | ¥332,500 | ¥1,303,100 | 12,000 | 160,663 | 52 | 0.03% | 2,127 | 1.32% |
| firstdateguide | ¥249,600 | ¥1,492,500 | 150,000 | 23,186 | 26 | 0.11% | 134 | 0.58% |
| bonappektea | ¥326,800 | ¥784,300 | 33,000 | 1,051,482 | 191 | 0.02% | 5,040 | 0.48% |
| hungryhugh | ¥212,900 | 389,000 | 604,000 | 67,339 | 85 | 0.13% | 327 | 0.49% |
| nomwiththomas | ¥313,400 | | 11,000 | 14,450 | 26 | 0.18% | 47 | 0.33% |

リール動画の再生回数が１０５万回の「bonappektea」は、１カ月の売上が78万円。

保存率に注目すると、ここが高い「ohakojp」と「Japania」は、それぞれ、１カ月の売上が２４０万円と１９０万円です。

このデータを分析して、アカウントのフォロワー数だけでは判断せず、インスタグラムのその人の過去の投稿が保存率１％以上、コメント率０・１％以上の人に依頼をします。

再生回数におけるコメントリストの保存率、ここのパワーが強い人に頼まないといけない。これは実は、インバウンド以外でも同じですね。

とにかくインフルエンサー広告は、インフ

## ターゲット国のインフルエンサーが
## チームメンバーにいることは必須条件

**例1**　アメリカを狙うなら**配信時間**はお腹のすく日本時間の24時
データでは日本時間の木曜日と土曜日の24時が最もアクティブ

**例2**　アメリカには生肉を食べる文化がないため、生肉のSNS写真投稿はNG

**例3**　インスタグラム発信の時は、アメリカ回線を使ったほうが、アメリカ人にリーチできる

ルエンサーの投稿を見ている人の属性と自分の商品の属性とのマッチング具合と、このインフルエンサーとお客様のエンゲージメント率、これで結果が出る。

この2軸をチェックしないとダメです。

インフルエンサー広告で言うと、配信時間も重要です。

ターゲット国のインフルエンサーがチームにいると、とてもやりやすくなります。

配信時間はアメリカでお腹のすく日本時間の24時にしないと効果が出ないとか、アメリカ人は生肉を食べないので、生肉の写真はインパクトがないというよりも、気持ち悪いと

思う人もいて、逆効果だとか……。

これは僕も全然わからなかったのですが、アメリカをターゲットにするなら、インスタグラムの発信はアメリカ回線を使ったほうがアメリカ人にリーチできるなどということもありました。

こういうことはやはり、日本人だけでやっていてもわからないことです。

## ポイント3 来店したお客様からGoogleマップの口コミを獲得する

ここは、UGCの一番根幹にあたるところです。

広告を打つことはみんな、考えるんです。

でも、ほとんどのお店がこれをやっていない。

一般的な広告効果は2～3週間。

1カ月ももちません。

仮に広告を打ち続けたとしても、効果は低減します。

たとえば、あるインフルエンサーに広告を頼んだとします。

200万円の売上が立った。

でもこれが毎月続くかというと、低減します。

それはそうです。

インフルエンサーのアカウントに来ている人が20万人いたとして、最初は20万人の反応が取れても、1回見た人は抜けていきます。

毎回毎回、20万人の新しいフォロワーがつくアカウントなんか、この世の中に存在しないわけですから、連続して打つと、どんどん効果が下がることになる。


それに対して、低減しないのが口コミです。

口コミを溜める。

特にこの後ポイント4で説明するGoogleマップ広告のためにも、これはやっていかなければいけない。

次ページ上の図は、「テーブルチェック」という予約フォームの会社が出しているデータですが、今、飲食店を検索する時に利用する手段はもう、グルメサイトではない。Googleマップです。

グルメサイトや、Facebookもありますが、そちらは広告収入のためにやっているものだということが消費者にはわかってしまっているので、どんどん信頼を失っています。

その点、Googleの口コミは、もちろん完璧ではありませんが、お客様の声しか反映しない設定にしていますし、少なくとも広告費ビジネスのためにやってはいないので、ほかのグルメサイトと較べても、評価がかなり正しく反映されます。

ここをしっかりと取っていきます。

もちろん、インバウンドがターゲットですので、英語のまま獲得していく。

「YAKINIKUMAFIA IKEBUKURO」は2023年の2月時点で、口コミ評価が星4・1でした。この頃は、日本人客とインバウンド客を合わせても、Googleマップからの売上が1カ月に4万6400円しかありませんでした。

そこで、Google経由の売上を増やすために評価4・8獲得を目標にしました。

**テーブルチェック調べ**

## グルメサイトに関する ユーザー＆飲食店意識調査

### Google利用率がトップに！

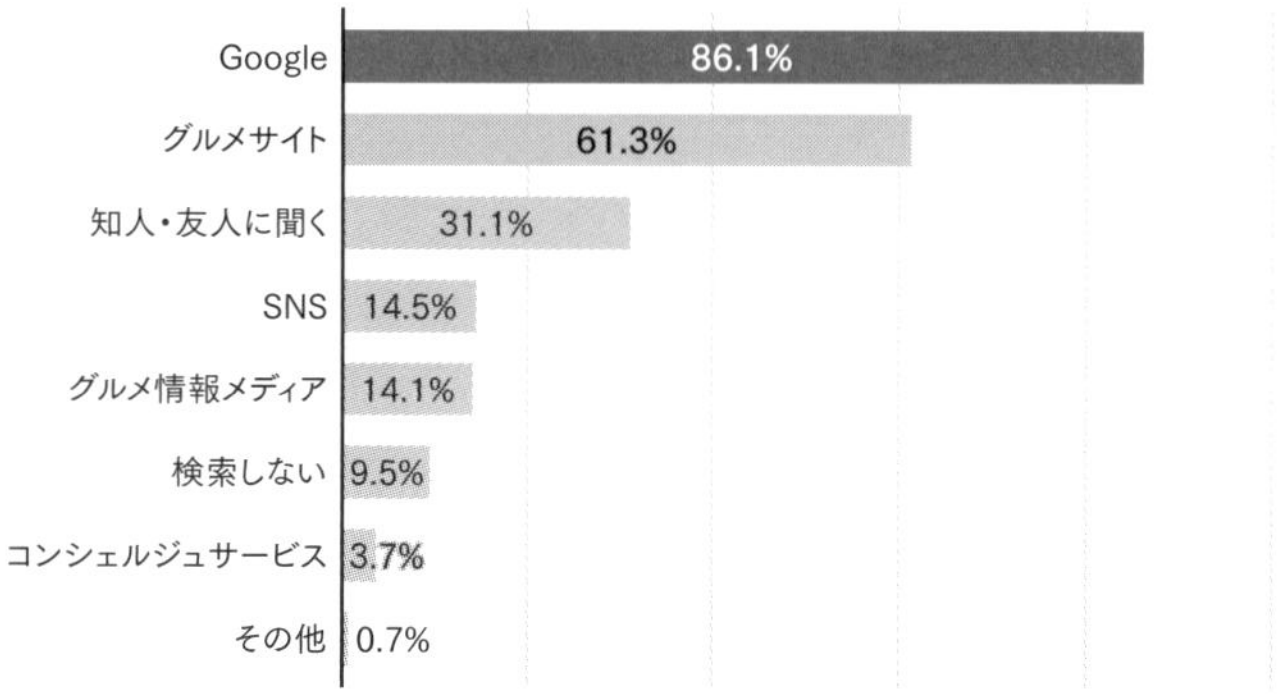


## UGCの代表格のGoogle口コミの獲得

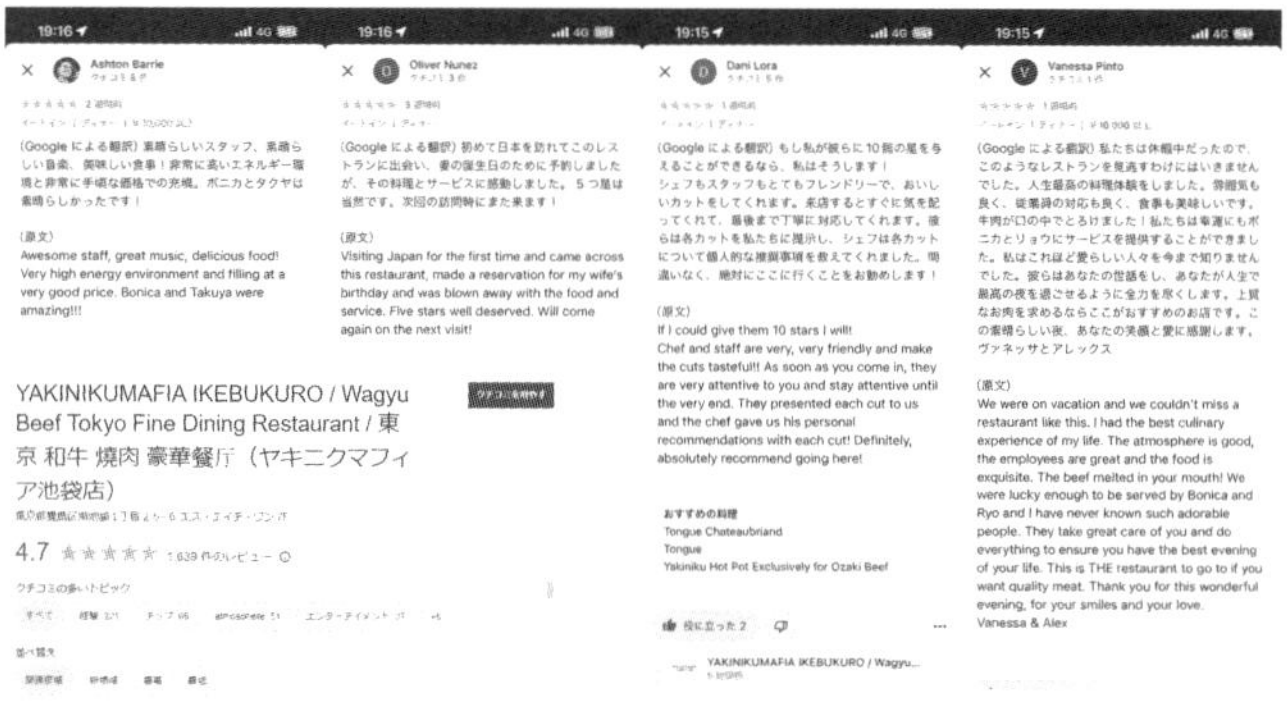

どういうことかというと、広告を打てば、みんな見に来ます。

でも、その時に表示される評価が4・1だと、せっかく広告で関心を引けたのに、そこで離脱してしまう。

広告を打つタイミングと、口コミは連動していないといけない。

そのため、口コミ評価4・8という目標をステージパフォーマー全員で共有して、口コミを獲得しています。

現在（2024年3月）のタイミングで、あと、星5つを235件獲得すると、4・8になります。

1カ月に60件の口コミが獲得できると、7月にも達成する計算です。

## 口コミ獲得術

とはいえ、口コミはどうやったら獲得できるんですか？

そんな質問が来そうです。

これは、日々、研究です。

それこそ、「YAKINIKUMAFIA IKEBUKURO」のステージパフォーマーが色々なアプローチをして、その情報を共有・分析している状況です。


「この言い方のほうが書いてくれました」

「このタイミングだと書いてくれました」

そういう工夫の積み重ねです。

「Call to action（行動喚起）」という言葉もある通り、お願いをしないとお客様は書いてくれません。


次ページ下は海外のお客様向けマニュアルの一部です。

みんな、英語でお願いをしています。

誰も英語なんてしゃべれなかったのに……。

それが今や、みんな必死で、この言い方がいい、このタイミングがいい、この言い回しのほうがアメリカ人にはフィットするとか、そういう研究をして、共有しているんです。

さらに、どこの国から来たのか、来店動機はGoogleマップ、広告、インスタグラムのどれかとか、全部聞きとっています。

## 1 Googleロコミ評価4.8を目指す管理フォーマットをステージパフォーマー全員で共有

Googleロコミの**目標評価4.8**までに必要な
星5つのロコミ獲得件数は、あと、**235件**

| ★ | 現在のロコミ件数↓編集部分 | ★×件数ポイント | 平均4.8までに必要な★5の件数 | ★×件数ポイント | 達成まで必要な★5の件数 | 月○件ペースの場合達成目安 | |
|---|---|---|---|---|---|---|---|
| 5 | 1449 | 7245 | 1684 | 8420 | 235 | ペース(件/月) | ヶ月後 |
| 4 | 62 | 248 | 62 | 248 | | 30 | 7.83 |
| 3 | 14 | 42 | 14 | 42 | | 40 | 5.88 |
| 2 | 13 | 26 | 13 | 26 | | 50 | 4.70 |
| 1 | 84 | 84 | 84 | 84 | | 60 | 3.92 |
| 集計 | 1622 | 7645 | 1857 | 8820 | | 70 | 3.36 |
| 平均 | 現在のロコミポイント← | 4.713 | 目標のロコミポイント← | 4.750 | | | |

たとえば、
1カ月60件の
ロコミだと
1日あたり2件の獲得で
**⇒7月に達成**

## 2 ステージパフォーマーGoogleロコミ獲得術

☆海外のお客様マニュアル
**That's it for course. Thank you so much!!!**
**If you don't mind** (どんまい)お嫌じゃなければ、
**Could you write a review "NOW"?** ←「ナウ」がポイント
「今」ロコミを書いてもらえませんか？　とお願いする
**While you're writing I bring ice cream** 書いている間にアイスを持ってきます

## YAKINIKUMAFIA IKEBUKURO
## ステージパフォーマー ボニカ

Briggs Ethridge
1 件のクチコミ
2 か月前
ボニカは天使だ、彼女に給料を上げてください。素晴らしい料理、最高品質の肉、そして圧倒的に今まで食べた中で最高のラーメンスープ。これ以上お勧めできません。

Megan Montante
1 件のクチコミ
2 か月前
TikTokを通じてこの場所を見つけました、そしてそれは期待を裏切りませんでした！とても良い！口の中でとろける和牛のお肉！最後のラーメンは本当に美味しくて、スープは絶品です！私たちのウェイトレスはボニカで、彼女のエネルギーは素晴らしかったです。強くお勧めします

Cassie Thomas
7 件のクチコミ
3 か月前
このレストランは素晴らしいです！食べ物はとてもおいしかったです。和牛が舌の上でとろけました。スタッフは、あなたの夕食を楽しくて教育的なものにするために、上を行き来しました。この場所をお勧めします！ボニカが私たちの面倒を見てくれて、彼女は素敵でした！10/10

Katie Hoffman
1 件のクチコミ
2 週間前 新規
ボニカは歓迎的でフレンドリーで、私たちのグループ全体に素晴らしく熱心なディナー体験を提供してくれました。絶対にお勧めします

Lila Rodrigues
ローカルガイド · 39 件のクチコミ
2 か月前
ボニカ、素晴らしいサービスをありがとう。肉と野菜、そしてそれらがどこから来たのかを説明しながら、私たちはあなたの熱意を愛していました!あなたはその経験をとても特別なものにしました。ロンドン出身のリラ x

S F
3 件のクチコミ
1 か月前
素晴らしい料理。和牛は素晴らしく、スタッフは素晴らしかったです。タンシャトーブリアンもゲット。ボニカは私たちのサーバーであり、これ以上にフレンドリーで親切です。これは一度限りの経験なので、ぜひ試してみてください

Vagner Bauer
8 件のクチコミ
3 日前 新規
ヤキニクマフィア池袋店は私の誕生日をとても特別なものにしてくれました!皆さん、特にボニカのおもてなしに感謝します。私たちはここで素晴らしい時間を過ごしました、そして食べ物は本当に素晴らしいです！

Danielle Guardian
4 件のクチコミ
1 か月前
口の中でとろける極上和牛。 8階に位置しており、池袋の街並みを一望できます。スタッフ、特にウェイトレスのボニカは素晴らしかったです。彼女はとても元気で、かわいくて、親切で、私たちに提供してくれた食べ物の知識が豊富でした。

Pakou Ly
3 件のクチコミ
2 か月前
素晴らしいサービスと素晴らしい和牛！私たちのサーバーである Bonica のエネルギーがとても気に入りました。

Andrea Cabrera
2 件のクチコミ
3 日前 新規
素晴らしい環境と美味しいウェイグビーフをお探しなら、東京の信じられないほどの場所です。ボニカはとても楽しいホストでした。私たちは夫の誕生日のためにここに行きました、そして彼らはハッピーバースデーを歌ってくれて、サプライズケーキを準備してくれました！忘れられない経験をありがとう、この場所を強くお勧めします:)

K. L.
8 件のクチコミ
2 か月前
グーグル検索から初めてここに来ました。私たちのウェイトレスはボニータでした。彼女は素晴らしく、素晴らしい経験をしてくれました。オーナーさんも自己紹介に出てきました。どれもとても個性的です。お料理も美味しかったし、最後に頂いた麺のスープも美味しかったです！和牛を試してみたい人には間違いなくお勧めします。

上は、ステージパフォーマー、ボニカへの絶賛コメントです。読んでもらえばわかりますが、中には、ボニカに会いたくて来ている人もいます。

初来店で、アメリカからですよ。

それは、このコメントを見ているからです。

既にステージパフォーマー自身がインフルエンサーや芸能人のような雰囲気になっている。

これはたまたまなのですが、グラミー賞も取っているヒットメーカーのニーヨが来店したことがあります。たまたま、ニーヨのファミリーが

YAKINIKUMAFIA IKEBUKURO
Googleマップ口コミ1638件　評価4.7

Googleからの
インバウンド売上累計
**20,798,918円**
※2023年2月〜2024年3月

検索してこのお店を見つけたみたいです。

僕はその日休みだったんですけれど、ボニカからニーヨが来ていますという連絡を受けて、お店に行きました。

そうしたら、本当にニーヨがいて、さらに、これもたまたまなんですが、ニーヨのマネージャが中国の方で、その人が、日本語を僕のYouTubeを見て学んだらしくて……。

「え〜!　鴨さん、なんでここにいるんですか?」

「いや、ここ、僕の店だからね」

みたいなやり取りもあって、とてもいい席になりました。

ニーヨもとても楽しんでくれて、サインまでして、お会計を終えて店から出る時に、彼が、

「My Bonica!　My Bonica!」

そのくらい、ボニカのファンになって帰っていきました。

そういうことが起きているんです。

でも、元はこの口コミ戦略から始まっている。

マネージャさんが、口コミを見て、お店に来てくれた。

ちなみに、現在（2024年3月時点）は、1638件の口コミ、評価は4・7、Googleからのインバウンド売上が2079万円です。

ここまでできている飲食店は、まだそんなにないと思います。

## ポイント4
# Google口コミ評価4・7を武器にGoogle広告を実施

この段階に来て、やっとGoogle広告を打ちます。

ここまでに順番がありました。


最初にインフルエンサーマーケティング。

この時点では、Googleの評価は関係ない。

インフルエンサーのインスタグラムから来ているから、うちの評価が低かろうが高かろうがここまで来る。

そこで来たお客様に口コミをお願いする。

ここまでやって、ページの評価が高くなったところで、Google広告を打ちます。

溜まったUGCをGoogle広告で活かすという考え方です。

ここからまた、研究です。

122ページを見てください。

「Wagyu」と「yakiniku」のどっちのほうが検索されているのかということを調べるほか、そのキーワードからどんな検索キーワードが紐づいているかも全部確認します。

そのキーワードで実際に広告を打ちながら、このキーワードはやめよう、このキーワードは伸びそうとチェックしていきます。

検索数まではチェックできますけれど、その検索キーワードで広告を打った時の反応であるとか、うちとのマッチングがいいかどうかは、やってみないとわからないです。

こういうことをやりながら、クリック数・クリック単価を変えたり、実際のそこからの売上、コンバージョンを見たりしながら調整をしていきます。

その上で、英語で検索されるキーワードをもとに、Google広告を設定します。

そこまでやってようやく、Googleマップで上位表示されるようになります。

123ページ上図を見てください。

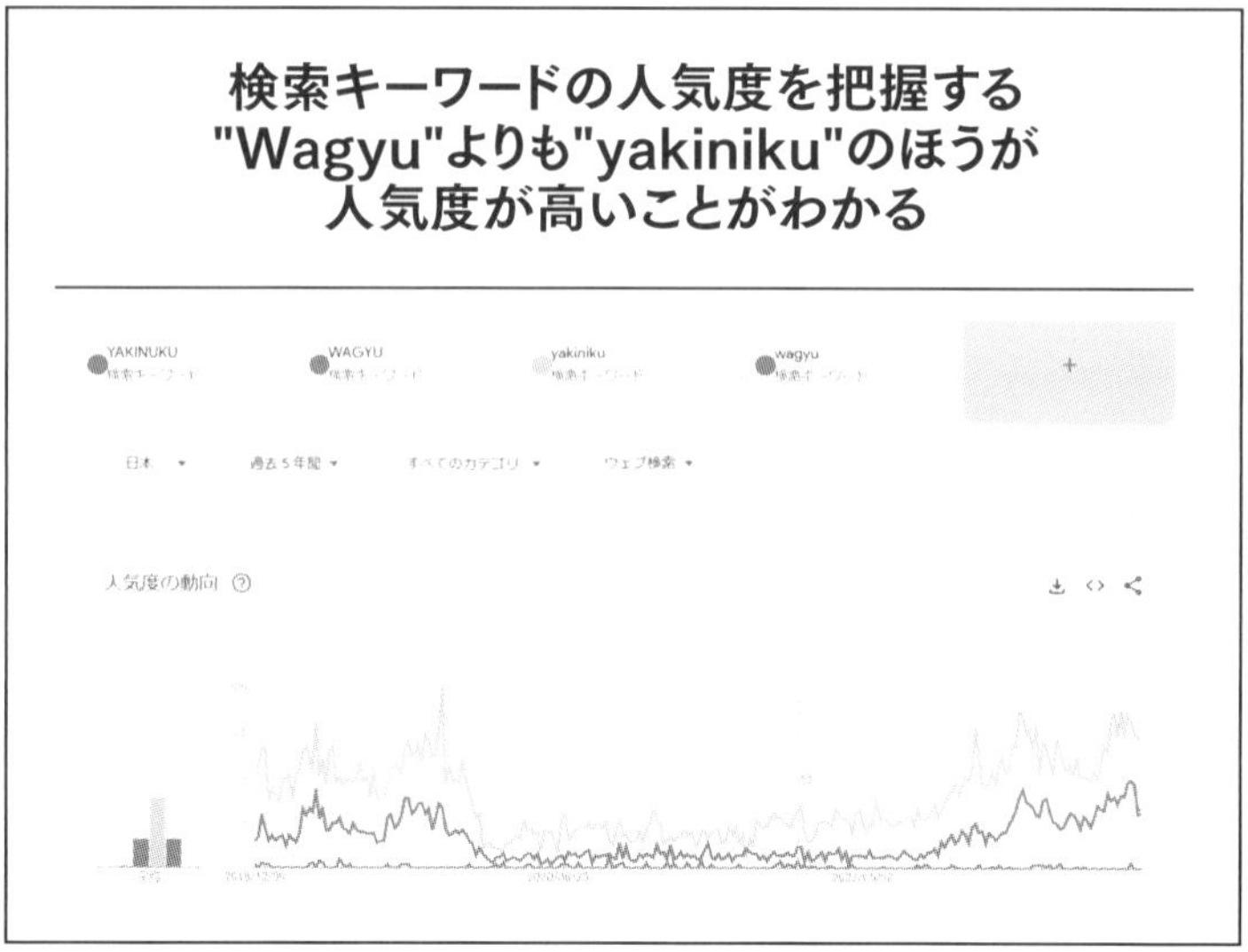
検索キーワードの人気度を把握する
"Wagyu"よりも"yakiniku"のほうが
人気度が高いことがわかる
YAKINUKU
WAGYU
yakiniku
wagyu
日本
過去5年間
すべてのカテゴリ
ウェブ検索
人気度の動向

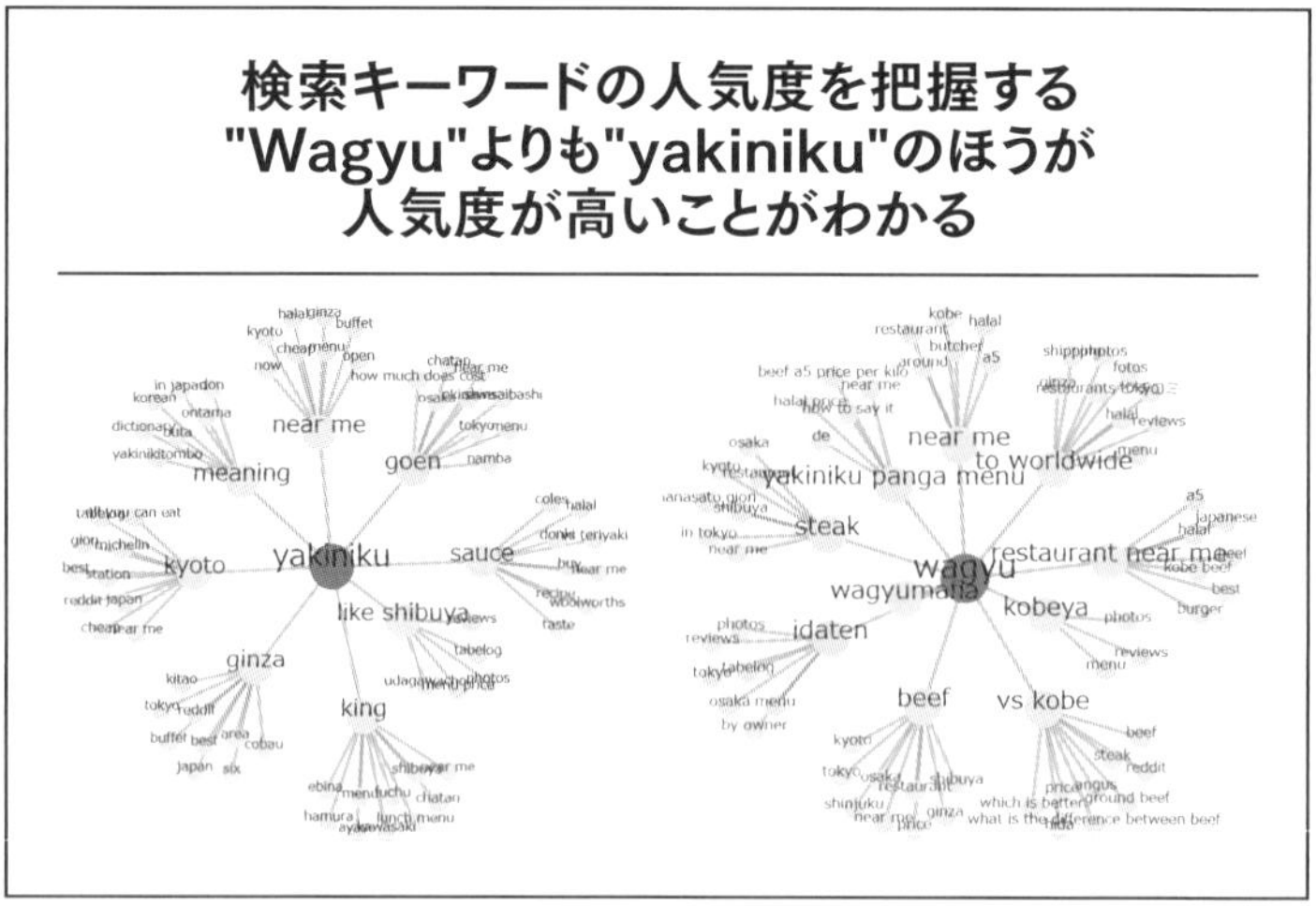
検索キーワードの人気度を把握する
"Wagyu"よりも"yakiniku"のほうが
人気度が高いことがわかる
yakiniku
near me
meaning
goen
kyoto
sauce
like shibuya
ginza
king
wagyu
near me
yakiniku panga menu
to worldwide
steak
restaurant near me
wagyumafia
kobeya
idaten
beef
vs kobe

## Google検索、Googleマップなどで "Wagyu"や"yakiniku"を調べた 英語圏のユーザーにGoogle広告で 「YAKINIKUMAFIA IKEBUKURO」を表示させる

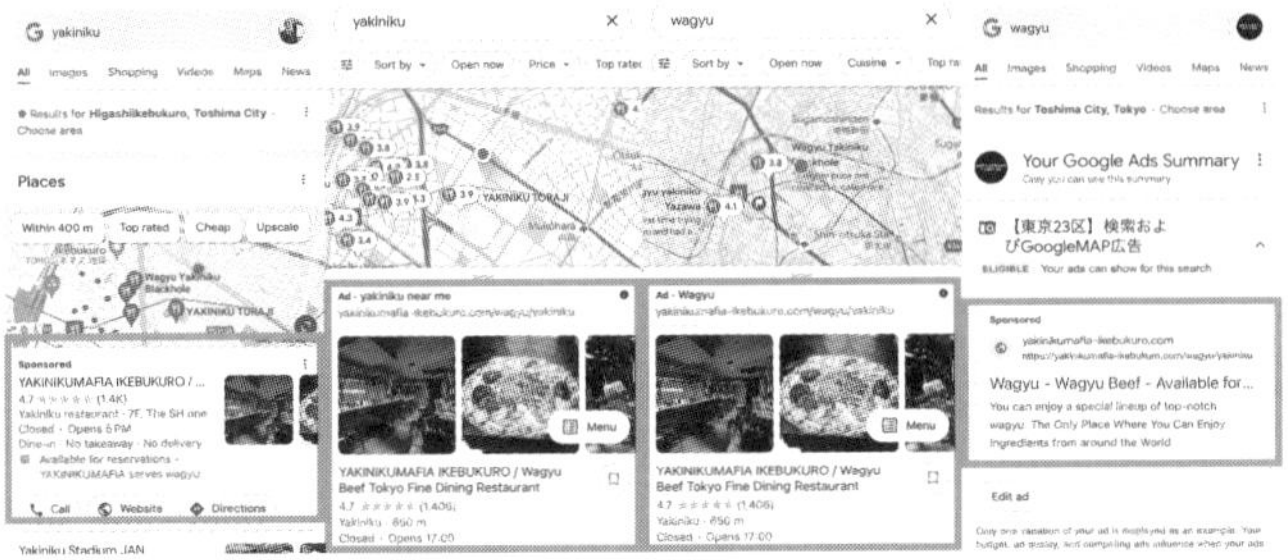


## 2024年1月以降、Google広告を配信してから、 Google来店経路の1日平均売上が増加 3月は貸切イベントを除くと、97%の営業日で Google来店経路の売上が上がった

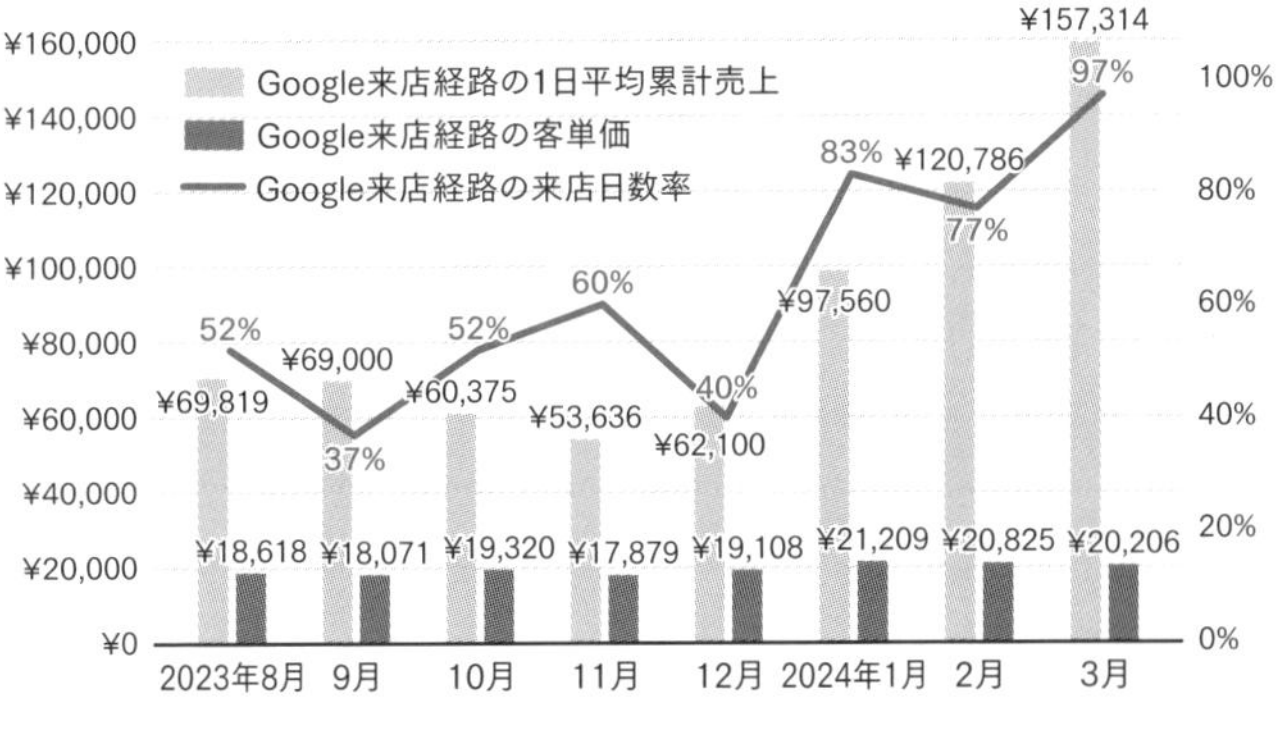

「ｙａｋｉｎｉｋｕ」と検索して、こういう表示をされて初めて、うちのページが見てもらえる。

Googleマップ広告というのは、一番上を取るという勝負です。

２０２４年1月以降、Google広告を配信してから、１日平均売上がどんどん伸びています。

３月は、貸切のイベントを除く97％の営業日で必ずGoogle経由の来店がありました。

３月の１カ月間で７００万円の売上目標を立てていましたが、結局、３月のインバウンド客からの売上は９１２万１０００円でした。

でもこれは、先程の順番で丁寧にデータを取り、改善を繰り返してきた結果です。

広告を打てば、達成できるというものではない。

それでできるなら、みんなやります。

先程お見せしたように、キーワードのマッチングを考えたり、地道な口コミの獲得を続けたりしたからこそ、ここに到達できています。

地道な作業と、一般的には言うんですけれど、僕はこれを、勉強だと思っています。

みんなで一生懸命勉強したからこそ、そこに到達するわけです。

それだけではありません。

先に解説したように、5つ星ホテルに足を運び、コンシェルジュに会い、お客さんに紹介するお店のリストに「YAKINIKUMAFIA IKEBUKURO」を入れてもらうという努力もあります。

## 獲ろう、インバウンド！

実は、「YAKINIKUMAFIA IKEBUKURO」のインバウンド広告の運用をしているのは、うちの社員ではありません。

野島崇範《のじまたかのり》さんという、「YAKINIKUMAFIA IKEBUKURO」のグランドオープンのスタッフステージパフォーマーで、パチンコ業界のカリスマコンサルタントです。

その野島さんを交えて、僕たちがインバウンド対策に乗り出したのは2022年。

コロナ禍で日本が鎖国していた時です。

その時に野島さんとインバウンド対策チームを作って、インバウンドの本を読みまくりました。

## 堺本卓哉店長のホテル営業

**営業で訪れたホテル**
6回　ベルスター
3回　椿山荘
2回　THE　B
1回　リッツ・カールトン
1回　マンダリン・オリエンタルホテル
1回　フォーシーズンホテル
1回　サンシャインプリンスホテル
1回　ペニンシュラホテル
1回　MIMARU
1回　アマン東京
1回　グランドハイアット
1回　ANAインターコンチネンタル

営業から来店につながったホテル数　12軒

営業から来店につながった回数　20件

営業から来店した客数
71名

累計売上
**1,720,150円**

## YAKINIKUMAFIA IKEBUKURO
## インバウンドアクション＆サマリー

店舗月商：1200万円／インバウンド売上：**480万円**

1. インフルエンサー広告
2. Googleビジネスプロフィール
3. ホテル紹介

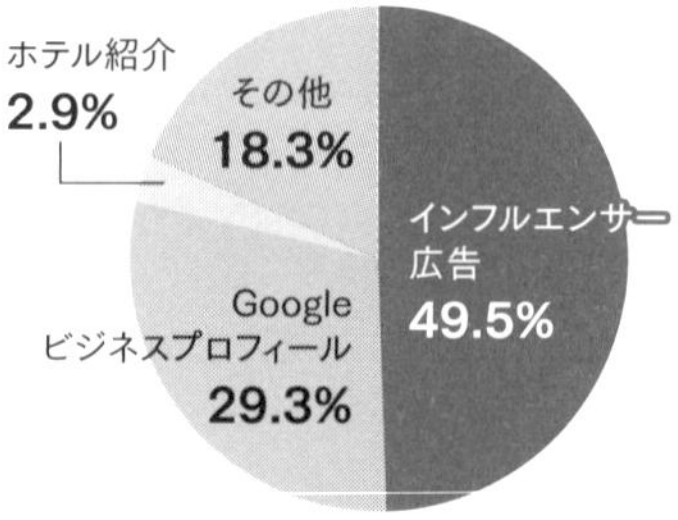


**現在進行中のアクション**
- 一休.com
- トリップアドバイザー
- 店舗インスタグラム改善

インバウンド戦略をやっている東京のお店は全部回ったそうです。

どうだったと聞いたら、もうみんなやめていますと。

その時のインバウンドと言えば中国で、もう、全然来ていなかった。


そこでうちは、英語圏を取ると決めた。

今はまだ来ていないけれど、来たらそのまま取れるようにと、準備を進めました。


そして、2023年5月、開国です。

新型コロナウイルスの感染症法上の位置づけが、季節性インフルエンザなどと同じ「5類」に移行しました。

その瞬間に、いきなり来ました。

待っていたんです、インバウンドの方も。

日本は、世界一美しい国だからです。

今、海外の人はみんな、旅行なら日本に行きたい。

僕たちはそこで、ビジネスをやっている。

チャンスだらけなんです。

日経平均株価が4万円を超えたと言われていますが、僕の感覚で言えば、ちゃんとやれば10万円になります。

今世界中の投資家が、日本企業の株を買いたがっています。

なぜなら、アメリカと中国はもう伸びしろがないからです。

逆に日本は、失われた30年と言われて、ポテンシャルがあるのに何もやってこなかった企業だらけです。

鎖国して、30年、値上げも賃上げもしなかった国です。

打ち手をこんなにさぼった国はありません。


そこを変えることができたら、とんでもない利益が出ます。

日本は今まで1億2000万人もの人口があって、ずっと伸びていた。

だから極端な話、内需でまかなえたから、外貨を取ることを真剣にやった経験がない。

インバウンド対策、やったことないんです。

だから、まだ動いていない。

チャンスが目の前に来ているのに。

インバウンド、取りましょう。

日本でしかできない体験、日本人のコミュニケーション、食事の美味しさ、衛生面の素晴らしさ、安全性、世界一です。

伝える価値のあることです。

「YAKINIKUMAFIA IKEBUKURO」を営業していて、外国のお客様から高いと言われたことはありません。

安いと言われたことはあります。

客単価2万円で安い、安いと言われます。

インバウンド戦略を必死にやっている「YAKINIKUMAFIA IKEBUKURO」、年間で5000万円の利益です。

1店舗です。

月間の来店客数は、800人。

30日で割ると26・6人です。

このお店は30席なので、1回転もしていない。

それどころか、満席にもならない。

それでも、年間に５０００万円の利益を出せる。

賃上げと値上げとインバウンド戦略を実現すれば、日本の飲食店でトップになれます。

こんな夢みたいなお店が作れるんです。

それぞれの業界で、その革命を起こしてほしいと思います。

この第2部の最後に、アメリカの哲学者、ラルフ・ウォルドー・エマーソンの言葉を紹介させてください。

「自分を信じ抜く人が、すべての仕事と人間関係、経済、世の中の仕組み、人々の価値観に『革命』を起こすことは間違いない」

# 第3部

# 値上げとは価値の創造をすること

## 肝はアンカリング

第2部で、賃上げと値上げとインバウンドの重要性について解説してきました。

このパートでは、さらに、値上げ自体の本当の意味、そして、僕たちはそのステージでどういう人たちとビジネスをすることになるのかを、解説していきます。

一言で言えば、**値上げとは、価値の創造**だと、僕は考えます。

加えて、値上げをして、少ない販売数でビジネスをするということは、つまり、お客様を選ぶことになります。

ここで必要なのが、**VIP戦略**です。

価格設定（値上げ）の具体策が3つあることは、解説しました。

### 具体策1　ただ上げる

## 具体策2　価値を足して上げる
## 具体策3　とてつもなく高くする

別に原価がいくらとかではない。

どうしても僕たちは原価に対して何%というふうに考えがちですけれど、そこに縛られないほうがいい。

価値は変動します。

逆に、価値が固定化してしまい、そこから動きにくくなるケースもあります。

行動経済学でアンカリング効果と言います。

今、僕たちは、なんの躊躇もなく、ペットボトルの水を買います。

でも僕たちは昔、水道水を飲んでいましたよね。

いつから、どうして、ペットボトルの水を買うようになったんでしょうか?

ここにはちゃんとした原因があるんです。

1980年代までに、東京都の人口が異常に増えてしまった。その人口増加に対して、水質処理の技術向上が間に合わなくなっていたんです。

そこで東京の水道水は、美味しくなくなってしまった。

ただ、実は今、東京の水道水、美味しいんです。

東京都水道局は、「東京水飲み比べキャンペーン」という宣伝活動をやりました。

そのアンケート調査の結果、水道水とペットボトルの水の飲み比べで、水道水のほうが美味しいと答えた人が39・1%、ミネラルウォーターのほうが美味しいと答えた人は41%。

ほぼ一緒だったんです。

東京都の水は、今、世界でもトップクラスに美味しいんです。

独自に「おいしさに関する水質目標」を定めて、国の研究会が提案したものより、さらに美味しい目標を設定して高度浄水施設の整備などを進め、100%の高度浄水処理を実現している。


次に価格比較です。

ペットボトルの水は500mlでおよそ100円です。

水道水は同じ500mlでおよそ0.1円です。

ペットボトルの水の価格は水道水の約1000倍になります。

よし、それなら明日からは東京の水道水を飲もうって、思うでしょうか？

無理なんです。

どんなに正しい、いい情報を入手しても、僕たちはもう、水道水を飲めない。

これをアンカリング効果と言います。

「錨（アンカー）＝情報」を打ち込まれた「船＝消費者」は、限られた範囲内でしか動けなくなることを言います。


ビジネスに話を戻します。

このアンカリング効果をうまく使えば、１０００倍の価格のものだって買わせることができるということになります。

価格には、普通、この商品だったら、これぐらいだよという、心理的なアンカリングが必ずかかっています。

それを作れる側に回ったらいいですよね。

価格設定は思いのままになります。

いくつか、実例を挙げていきましょう。

黒真珠の話です。

黒真珠は、イタリアの宝石商が買ったポリネシアの3つの島から、たまたま出たものです。宝石商ですから、この黒真珠を商売にできないかと考えましたが、「鉄砲玉」みたいだと、まったく人気が出なかった。

そこでニューヨークの宝石店に相談して、数百万円の価格をつけて、ファッション雑誌に全面広告を出した。

そこから、セレブが身につける高級ジュエリーとして一気に人気が出た。がらくたが宝石に変わったわけです。

一説によると、ニューヨークの宝石店の人がその宝石商の友達だったと言われています。

「なんかこの黒真珠、いいと思って売ったんだけど、全然売れないんだよ。どうしたらいいと思う？」

「え、そうなんですか。それならうちのお店に置いて、100万円とか値札つけて、セレブに広告打てば売れるかもしれないよ」

リアルにそんなやり取りがあったんではないかと思います。

もっとわかりやすいところでは、ダイヤモンドです。

デビアスという会社があります。

世界のダイヤモンドを一手に管理している会社です。

ＤＰＡという生産量の調整をする会社を作り、「今年は何gにしておけ。これ以上採掘してはダメだし、これより少なくてもダメだ。今年はこのように採掘しなさい」と指示。

需要と供給で価格が変わってしまうので、供給量をコントロールしているわけです。

ダイヤモンドの価格、価値、管理するシステムをこのデビアス１社で作ったんです。

だから、ダイヤモンドはデビアスが育てたと言っても過言ではない。

そのデビアスがダイヤモンドに付加価値をつけるために取った戦略が、これです。

「婚約指輪は給料３カ月分」

日本人の僕たちにもなじみが深いですよね。

デビアスはまず、各国の広告代理店とエージェント契約を結び、消費者向けのＰＲ部門を作った。

１９７０年代当時、婚約指輪を贈る人は50％しかいなかったそうです。

しかもその中で、ダイヤモンドを贈っている人は7％でした。
93％の人には、ダイヤモンドという選択肢がなかった。
婚約指輪は誕生石のほうが、メジャーでした。
そこで作ったのがこれです。

「愛はダイヤモンドで」
「ダイヤモンドは永遠の輝き」
「ダイヤモンドは愛の証」

こういう婚約キャンペーンをやったわけです。
愛が安かったら、困りませんか（笑）？
贈る男性も、受け取る女性も、愛は高いほうがいいでしょう。

デビアスはさらにもう一つ目を付けました。
日本の結納金です。
この額が全国平均で、男性の給料の2〜3カ月分だということに気づきます。

そこで、婚約指輪は給料の3カ月分という大々的なキャンペーンを展開します。

それまではなかったんですよ。

婚約指輪を贈る慣習もなかった。

ダイヤモンドを選ぶこともなかった。

そして価格のイメージもなかった。

これを全部作ったんです。

さらに日本では、郷ひろみさんが二谷友里恵さんとの結婚会見で、婚約指輪はいくらですかと聞かれた時に、「給料3カ月分」と答えたことが普及に拍車をかけました。

ダメ押しです。

ここからは、僕の推測です。

郷さんと二谷さんの件、どう考えてもこれは広告でしょう。

こちらは、1982年に「ブルータス」という雑誌に出された広告の文面です。

「すこしきつかったけれど、一生に一度のことだから。思いきって、給料の3カ月ぶんをダイヤモンド婚約指輪にあててさ。でも彼女の喜びを見たら、自分がひと回り大きくなったように感じた。毎日、僕が飲んだり遊んだりするお金を、すこし控えれば買えるんだよ。やっぱりこれからの一生、彼女がずっと身につけるものだからネ。僕の力で手に入る最高のものを贈ろうと決心したのさ。宝石店の人に聞くと、いま世間では給料の3カ月ぶんぐらいが普通らしくてネ。僕の予算の中で一番デッカくて、質のいいものを、この手で選んで。その足で彼女のところへ、いちもくさん。ドライな彼女もホロッときてさ。きっと僕からこんなダイヤモンド指輪をもらえるなんて夢にも想ってなかったんだろうネ。」


これは、当時の男性に刺さる広告です。

婚約指輪は給料の3カ月分。

払うのは男性です。

買う人の取り分をしっかり書いている。

このキャッチコピーを考えた人も天才だと思いますが、デビアスのやったことを考えると、いつも感動します。

ダイヤモンドという石を、愛に変えたんです。

ダイヤモンドに較べれば、車とかは、まだわかりやすい。

移動するのに便利、荷物を運ぶのに便利、雨が降った時に便利、家族で乗って買い物がしやすい。機能ですね。
ダイヤモンドの機能って何でしょうか？
硬い石ですよね？
そこに価値を作ったんです。

それに較べたら、僕も含めて、中小企業の皆さんが扱っているものは、ほとんどのものに最初から価値があります。
その価値すら伝えられないのは、怠慢だと思います。

## 価値＝価格

中小企業の場合、価値を伝えることが仕事です。
価値を設計して、認知を獲得することが価値創造です。
こんなに付加価値があるんですという説明をするのが仕事です。

# VIP戦略

第2部で、日本にはお金持ちがいっぱいいると説明しました。

その人たちからお金を引き出して、お金がない人に回したほうが、日本は絶対によくなります。

そこで、VIP戦略が重要になります。

VIP戦略については、キングコングの西野亮廣《にしのあきひろ》さんの話を聞いている人は、よくわかっていると思います。

ここでは、さらっと復習します。

たとえばボーイングという飛行機は、東京〜ニューヨーク間をトータル1億円で飛びます。

ざっくりと、エコノミークラスが単価20万円、プレミアムエコノミークラスが40万円、ビジネスクラスが80万円、ファーストクラスは180万円です。

**ボーイング777　東京⇒ニューヨーク**
**248席**

| | | | |
|---|---|---|---|
| エコノミークラス | 150席 | 20万円 | 3000万円 |
| P．エコノミークラス | 40席 | 40万円 | 1600万円 |
| ビジネスクラス | 50席 | 80万円 | 4000万円 |
| ファーストクラス | 8席 | 180万円 | 1440万円 |

**トータル売上　1億円**

仮にすべて一律価格で設定すると……
**売上1億円÷248席＝40万円**

エコノミークラスに乗っても、ファーストクラスに乗っても、ニューヨークまでの所要時間は一緒です。

だけど、価格は9倍です。

これがもう、VIP戦略ですね。

仮にこれをすべて一律価格にしたらどうなるか？

この客席数で単純に割ると、1席40万円になります。

少し、想像を膨らませます。

たとえば高校1年生になった娘さんがダンサーになりたい。ブロードウェイで踊れるようになりたいという夢を持ったとします。

その彼女のお父さん、お母さんは、たぶん30代〜40代前半。

その若い夫婦にブロードウェイが見たいって娘が言うわけです。

じゃあ一緒に行こうということで3人で行ったら、エコノミークラスだったら片道60万円、往復120万円。ちょっとがんばれば、夫のボーナスで行けるかもしれない。

ところが一律料金で1席40万円になると、3人分が片道120万円。往復240万円。

ここに宿泊費がからむと300万円は優にかかる計算です。

とてもニューヨークへ3人では行けません。

「ごめんね。YouTube見てもらっていいかな」

そんな会話が交わされて、結局娘さん、本場のブロードウェイを見るチャンスはなくなってしまうかもしれない。

こんなふうに、まだお金があまりない人でも、ニューヨークに娘さんを連れて行ける世界が、VIP戦略の効果です。

なぜか？

ファーストクラスの人たちが多めに払ってくれているからです。

これをやろうと言っているのが、西野さんもおっしゃっているVIP戦略、ラグジュアリー戦略というものです。

今、ホテルもこのＶＩＰ戦略を盛んにやっています。

ザ・リッツ・カールトン東京、スタンダードルームで一番安い部屋が1泊16万円、スイートルーム２４２万円です。

ブルガリホテル東京は、スタンダードルームが32万円、スイートルーム４００万円です。

ハレクラニ沖縄では、スタンダードルームが12万円で、スイートルーム１２０万円ですね。

こんなふうに同じブランドの中でも、ラグジュアリー戦略は設計できます。

設計しなくてはいけないんです。


飛行機に乗ったことがある人は多いと思いますが、たとえばエコノミークラスで乗ると、ファーストクラスを通るんです。カーテンで仕切られている場合もありますが。

次にビジネスクラスを通る。

続いてプレミアムエコノミークラスがあって、その後に、エコノミークラスに座らせられるんですよ。

なぜですか？

いつかは高いものを買いたいと思わせる教育ですね。

こういうふうに設計しないといけない。

たとえばザ・リッツ・カールトン東京、思い切って16万円を払って泊まる若い夫婦がいるかもしれません。

その時に、いつかはスイートルームに泊まれるようにがんばろうねと思うんですよ。

健全なことだと思います。

この資本主義において。


VIP戦略やラグジュアリー戦略を知れば、おのずと、その反対のものも見えてきます。

たとえば、ハサミ。

ハサミは基本、切るという機能が必要で購入します。

そうなると、極論ですが、1個あればいい。

役に立つものは一つしかいらない。

日本の文房具で一番有名なブランドはわかりますか？

コクヨですね。

でも、2番目、3番目の会社を知らない。

1社しか勝てない世界です。

第2部の「安売りの大罪」で、この世界については、詳しく説明しています。

## タバコの種類の多さにヒントがある

それでは、小さき者、中小企業や個人事業主が大企業に押しつぶされないように生き残るための方法は何でしょう?

ヒントは、タバコです。

小さなコンビニエンスストアでも、タバコの種類は約400あります。大きいコンビニエンスストアですと、1200種類ぐらい。

なぜなら、タバコは役に立たないからです。

意味なんですね。

タバコを買う人にとってのタバコは。

たとえば僕は昔、初めてアルバイトをしたマクドナルドで一番かっこよくて尊敬していた先輩が吸っていた赤ラークを買っていました。

人によっては、今は天国にいる大好きなお父さんがいつも買いに行っていたハイライトを吸う。

明石家さんまさんが大好きな人は、キャメルをそのままデニムの後ろのポケットに入れます。

それは、意味なんです。

機能ではない。

つまり、意味がある場合は、1社だけではなく、みんなが生き残れる。

共存できる。

いまだにショートホープとか、ピースとか、ハイライトとかある。

機能が必要なものは、1個しかいらないですが、意味は1個ではなくて、たくさん必要になります。

中小企業は、そこにいないとダメです。

機能に行くと、つぶれる。

そこは、大企業のものだからです。

## 意味を創造し、伝える

車にもたとえてみましょう。

次ページのマトリックスですが、上に行けば行くほど役に立つ、右に行けば行くほど意

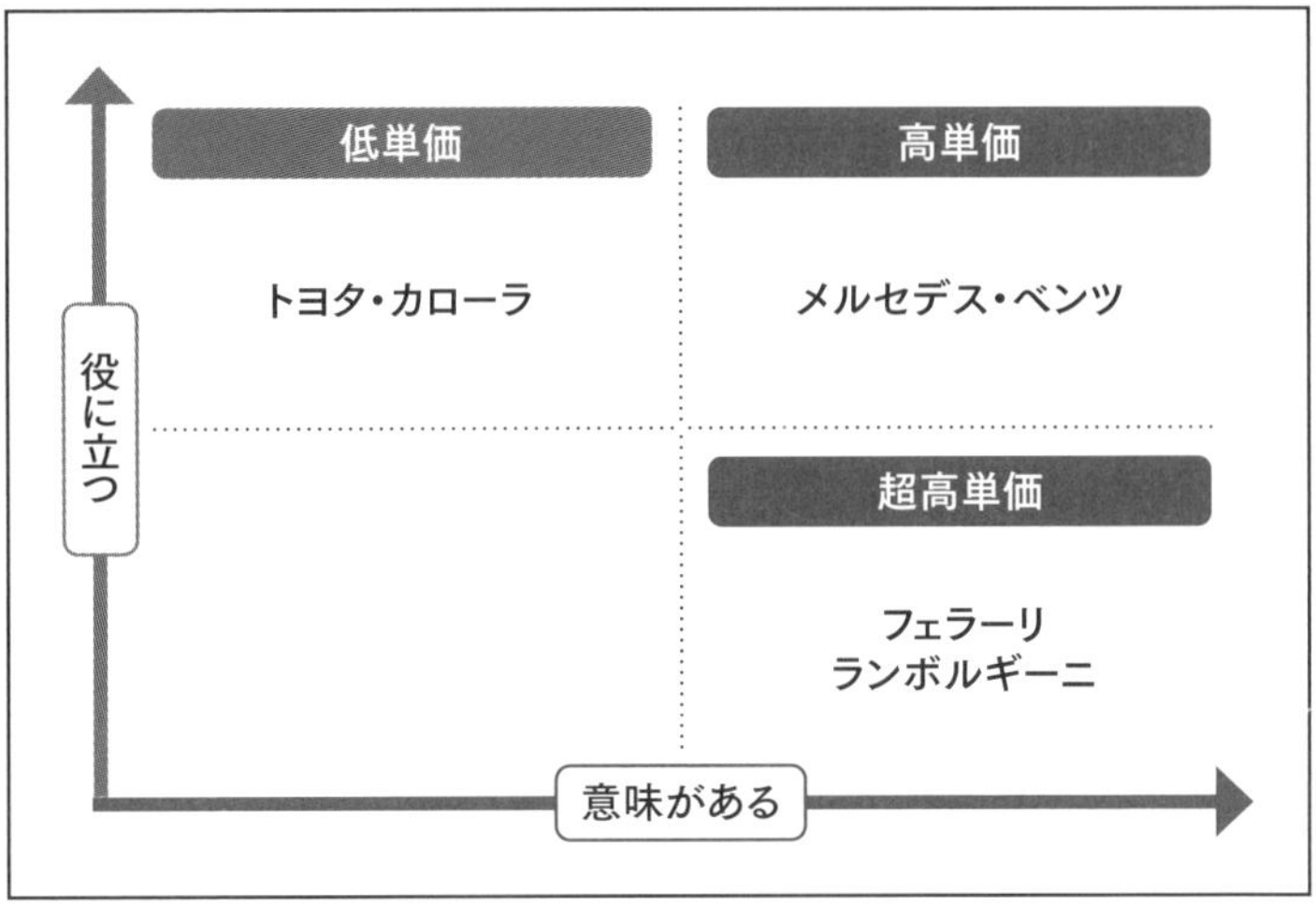


味がある。

この世の中で最も役に立つ車、でも意味がない車のブランドは、トヨタです。

だから、世界で一番売れる。

燃費がいい、壊れない、デザインも悪くない、その上信頼性もある。

でも、トヨタの車に乗ること自体に、特別な意味はない。

「えっ、トヨタ乗ってんですか？　スゴイ！」とはならないですよね。

役に立つ上に、意味がある車の代表例は、ベンツです。

ベンツはもちろん役にも立ちます。

燃費もいい、安全性もすごい、その上耐用年数も長い。

壊れにくいいい車です。

意味もあります。

社長が乗る車です。

これはこれで、意味なんですよ。


意味はあるんだけれども、役に立たない車もあります。

ランボルギーニカウンタック。

こういう車は役に立たないです。

ガルウィングドアは、乗りにくい。


余談ですが、昔、マクドナルドに入社した時の最初の配属先が、新所沢店という埼玉のお店でした。

当時、西武ライオンズで有名な某強打者も、お店によく来ていました。

その選手が乗っていた車が、テスタロッサです。

テスタロッサは12気筒ですから、エンジン音が普通じゃない。

その車でドライブスルーに来る。

「お車、前へどうぞ」と促すと、すごい排気音が聞こえてくるんですが、車体が見えない（笑）。

テスタロッサの車体がドライブスルーのブースより低いので、運転手が見えないんです。

商品のお渡しも、お会計も、まあやりにくかったです。

テスタロッサ、役に立たないんです。

でも意味があるんです。


それで、ここからがポイントです。

価格の話をします。

役に立つが意味のない車は低単価。

役に立って意味がある車は高単価。

そして意味があるが役に立たない車は超高単価になります。

この法則を覚えておいたほうがいい。

勉強不足のビジネスマンは、価格を上げるためにより良い商品開発をします。

機能を磨いてしまう。

それでは高単価にならない。

あくまでも、作るのは、意味です。

さらに、その意味を伝える。

デビアスです。

デビアスはダイヤモンドに意味をつけて、その意味を伝えた。

だから超高単価を取れた。

ダイヤモンド、役に立ちますか？

でも、愛は意味です。

中小企業は特にここを取りに行かないとダメです。

ワンチャンここがあります。意味があるから生き残れる。


もう一つ。

ステラマッカートニーはご存じですか？

「サステナビリティ」や「エシカル」を意識したファッションブランドです。

ブランドを立ち上げたステラのお父さんは、あの、ビートルズのポール・マッカートニーです。

サステナビリティに全振りしているので、商品ラインナップに毛皮なんか絶対ない。

ステラの服は温かくないです。

特別コストもかかってない。

でも、ステラマッカートニーを着ているというだけで、世界の最先端のセンス、ハイセンスをまとうことになります。

これは、機能ではなく、意味です。

## プレミアムとラグジュアリーの違い

価値と意味の話を続けます。

ヨーロッパでは、新築の家が安くて、むしろ、築100年の家が高い。

長い歴史とか古いということが価値になっている。

でも日本は違う。

古い家は価値がない。

新築信仰主義です。

そうするとどうなるかというと、コストがかかる。

古いものは価値がないし売れないから、壊すんですよね。

壊すのには費用がかかる。

そこから新たにゼロから建てる。

コストがかかる上に、安くしないと売れない。

利益の出にくい構造になってしまっている。

でも、ヨーロッパは違う。

古い家のほうが価値がある。

そうなると、お客様が投資のために買う。

人口が増えなくても、家がずっと売れ続ける。

フランスもイギリスもイタリアも、人口は増えていない。

横ばいです。

そもそも、6000万人強~7000万人弱の間で、日本の半分くらいの人口しかいません。

でも、つぶれない。

ヨーロッパは、価値を取っているんです。

築100年の家のほうが意味がある。

新築は役に立つ。これは機能です。

残念ながら、日本は結局機能のほうに行くため、低単価から抜けられない。

| Premium | Luxury |
| --- | --- |
| 競合の中でNo.1商品 | 比較しないで選ばれる |
| ・価格が安い<br>・機能性が優れている<br>・デザインが唯一無二<br>・購入機会が多い<br>・認知度が高い<br>・普及度が高い | 認知度－普及度<br>みんな知っているが、買えない<br>ルイ・ヴィトンは誰もが知っているが、買える人は少ない<br>⇒路面店にして、認知を高めて買えないギャップを作る |

ここで改めて、プレミアムとラグジュアリーという言葉について解説しておきます。

なんとなく高いものみたいに誤解している人がいますが、違います。

プレミアムの定義は、競合、ライバルの中でナンバーワン商品です。

トヨタはプレミアムブランドです。

ユニクロも、プレミアムブランドです。

マクドナルドも、プレミアムブランドです。

いずれも、価格が安い、機能が優れている、デザインが唯一無二、購入機会が多い、認知度が高い、普及度が高いという特徴があります。

ラグジュアリーは違います。

ラグジュアリーは比較しないで選ばれる。

プレミアムは比較して選ばれる。

この違いです。

単価の違いではありません。

ということは、ラグジュアリー商品を作る公式は、「認知度─普及度」ということになります。

みんな知っているけれど、みんなが買えないという状態。

これがラグジュアリー、超高単価商品の作り方です。

ランボルギーニカウンタックや、ダイヤモンドです。

モナリザも、そうですね。

モナリザは、フランスの所有物になっていますが、値段はつかないですし、もちろん、購入もできない。

なぜかというと、ルーブル美術館に置いておけば、入場料のほうが儲かるからです。

流通させなくても利益を出せる。

ただ、モナリザも、昔は高くなかったらしいです。

普通の絵だったんですね。

それがある時、急に値段が上がった。

どうしてだか、わかりますか？
それは、モナリザが盗まれた時です。
モナリザが盗まれたということが、世界中の新聞に載った。
その時に初めて、絵に興味がない人でもモナリザの写真を見てしまった。
世界中の新聞に載ったことで、一気に認知度が上がってしまった。
でもモナリザは1枚しかない。
だから値がつかないほど価値が高くなった。
ラグジュアリーになったわけです。

認知度は、ラグジュアリーの肝です。
ルイ・ヴィトンも同じです。
誰もが知っているけど、誰もが買えるわけではない。
この誰もが知っているというところが、肝心です。
だから、ルイ・ヴィトンは銀座の一等地に路面店を出します。
普通、路面店というのは、衝動買いのためのものです。
たとえば、コンビニエンスストア。

ちょっと水を買おう、ティッシュを買おう、リップを買おうというのが衝動買いです。

そのコンビニエンスストアが、ビルの7階にあったら、わざわざ買いに行きますか？

買いに行かないですよね？

だから、路面店である必要があるんです。

でも逆に、ルイ・ヴィトンで衝動買いをしますか（笑）？

よほどの人を除いて、しませんよね？

だったらそれこそ、商売上はビルの7階でもいいはずです。

違うんです。

ブランドの認知を広げ、維持するための路面店なんです。

そこにコストをかけている。

時々、普及度が低ければ高くなると勘違いする人がいますが、違います。

それはただの売れない商品です。

超高単価商品は誰でも作れますが、**「誰もが知っているけれど誰もが持っていない」**ということが重要です。

この認知度を得るというのが一番難しい。

コストがかかるからです。

僕はコストをかけて、この認知度を取りに行きました。
YouTubeのチャンネル登録数だけで、3億6000万円の広告費をかけました。
認知度が得られると、僕という人間は1人なので、僕の講座は比較されません。
僕の講座を買う時に、ほかの人の講座と天秤にかける人はいないんです。
僕の講座を買うか買わないかしかない。
比較対象がない、ワン・アンド・オンリー、これもラグジュアリー戦略ですね。
だから僕の講演会は、日本で一番高い。
僕のコンサル料も、日本で一番高い。
それはラグジュアリー戦略をやったからです。

## 8・8%が5000万円世帯

そんなやり方をしたら、お客様がいなくなるじゃないですかと思う人のために、一応次のページのグラフを出しておきます。

これは日本のマーケット地図です。

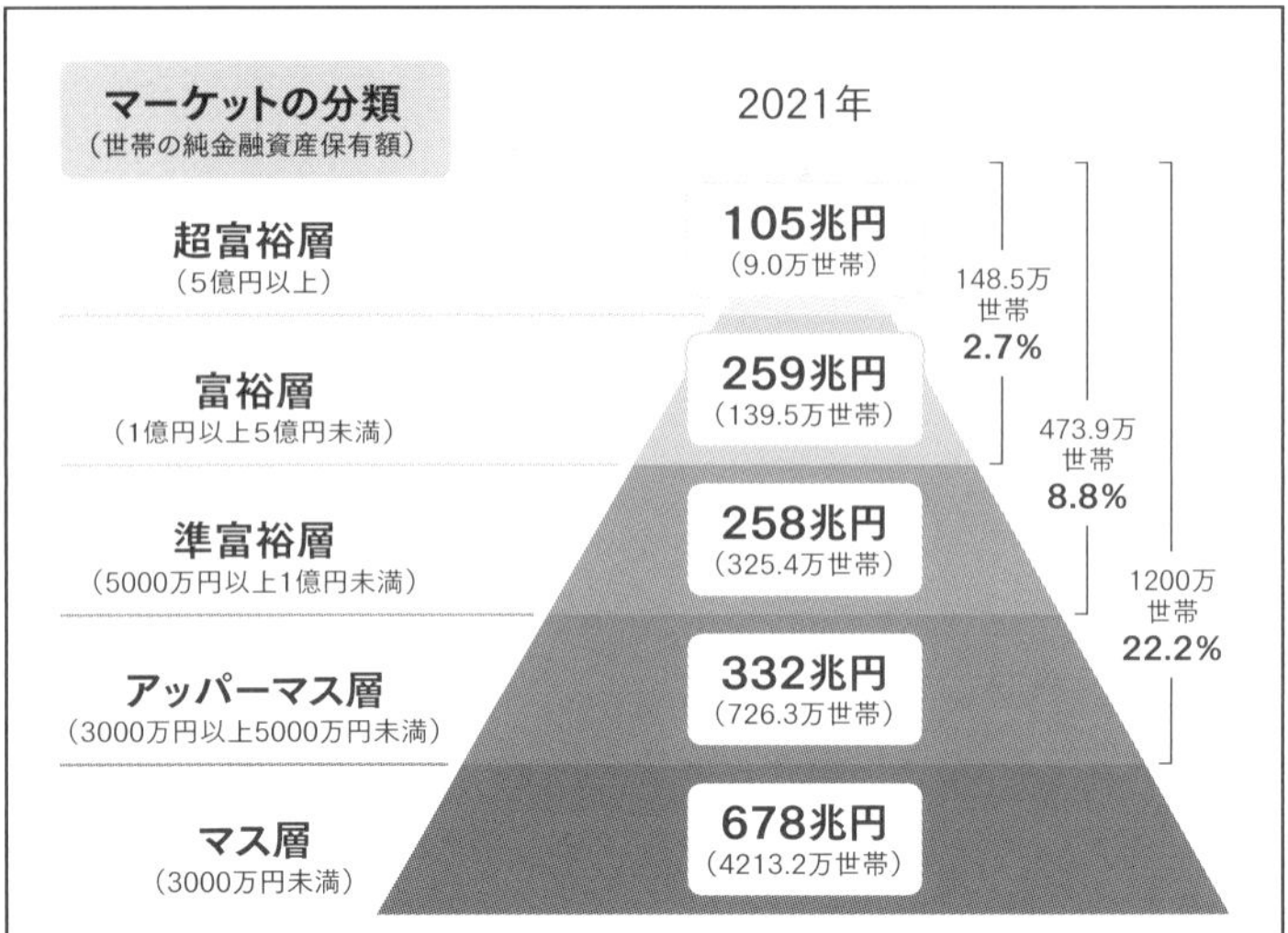

NRI「野村総合研究所、日本の富裕層は149万世帯、その純金融資産総額は364兆円と推計」（NRI）をもとに作成

世帯数で計算しています。

人口ピラミッドがどうなっているかというと、超富裕層、純資産５億円以上の世帯が９万あります。

結構います。

ちなみにこの図で、日本の総世帯数は５４１３万世帯なので、２・７％が超富裕層と富裕層です。

１００人中３人弱という計算ですね。

皆さんに友達が１００人いたら、２〜３人富裕層以上がいるという計算になります。

さらに準富裕層。５０００万円から１億円の世帯ですね。

ここまでの３つを足すと、なんと

8・8％です。


アッパーマス層とマス層、捨てていいです、中小企業は。

この2つの層は、大企業が全部取ります。

そこで戦っても勝算はないので……。


たとえば、中小企業とか個人事業主のハンバーガー屋さんのハンバーガーは、だいたい800〜1500円ぐらいでしょう。200円とか300円のハンバーガー、見たことありますか？

マクドナルド以外で？

ないですよね。

800〜1500円のハンバーガーで勝負するのが正しいんです。

ここのお客様を掴まえたら、高単価で売れる上に、お客様の数を減らせます。

しかも、利益率が高くなるので、賃上げも可能です。

実は日本人、お金持っています。

8・8％以上の世帯が5000万円以上です。

全然いけるでしょう?
ここを取りに行きましょうという話です。
人数が多いからと言って、マス層を取り行くと大変なんです。
マンモスと戦わなくてはいけないから。
この準富裕層以上でみんなとワチャワチャやればいい。
というのが僕の考えです。

## VIP戦略、重要な3つの要件

ラグジュアリー戦略、VIP戦略で重要な3つの要件があります。

**1 VIPのインサイトを知る**
**2 VIPに渡せるものを持つ**
**3 VIPとの接近&育成**

**VIP戦略3つの要件**

- 要件1　VIPのインサイトを知る
- 要件2　VIPに渡せるものを持つ
- 要件3　VIPとの接近＆育成

- ポイント1　VIPは物はいらない
- ポイント2　体験とつながりが好物
- ポイント3　特化した才能or行動

## 要件1 VIPのインサイトを知る

### インサイトとニーズの違い

インサイトとニーズでは、何が違うのかよく聞かれます。説明します。

ニーズは、顧客が認識している困りごと、「置かれている状況に不満がある」「不足している物を補いたい」という顕在化している状態や心理のことです。「顧客ニーズ」という使い方をします。

アデランスを例にとると、カツラやウィッグといった商品があります。これは、「薄毛になってきて恥ずかしい。それをなんとかしたい」というコンプレックスを解消する商品で、一番売れています。

この、「薄毛になってきて恥ずかしい。それをなんとかしたい」というコンプレックスが、ニーズです。

インサイトは違います。

「モテたい」です。

モテたいと思わない人は、薄毛になってもカツラを買いません。

モテたいと思う人は買います。

であるならば、同じインサイトの中であれば、薄毛用の商品以外の商品ラインナップを増やせば売れると考えます。

アデランスはそれで2023年、860億円の過去最高売上です。

実際に何をしたのか、社長にお聞きしました。

「どうやったんですか?」

そうしたら、アデランスのお客様は「薄毛のお客様」ではなくて「モテたいお客様」だから、モテるためのアイテムを増やしたら全部売れたそうです。

顧客のインサイトから商品ラインナップを決めた勝利です。

ニーズとインサイトは近いものに見えますが、別物です。

顧客のインサイトが見抜ければ、VIP戦略も立てやすくなります。

## 要件2
# VIPに渡せるものを持つ

そして要件2。

「インサイトを知る」こととともつながりますが、自分がVIPに渡せるものは何か、押さえておくことが必要です。

ここでポイントが3つあります。

**ポイント1　VIPは物はいらない**
**ポイント2　体験とつながりが好物**
**ポイント3　特化した才能or行動**

### ポイント1　VIPは物はいらない

基本、VIPは何でも自分で買えますから、物はいらないんです。

僕たちは富裕層ではありません。

それを前提に考えてください。

僕たちは貧乏人の側にいます。

でも、ＶＩＰに商品を買ってほしい。

その際、貧乏人の側にいる僕たちは、普通、物が欲しいから、ＶＩＰにもそういう商品を設計しがちです。

ただ、ＶＩＰは物はいらない。

逆なんです。

むしろ、物は邪魔になります。


参考までに、これは天才だと思ったビジネスモデルがあります。

誕生日の商品をもらいますというビジネスです。

芸能人、ＶＩＰとかセレブと呼ばれる人たちは、誕生日にすごい量の物をもらいます。

それで、困っている。

いらないからです。

で、それを丸ごと引き取るというサービスがあるんです。

ＶＩＰが邪魔だと思っている物、だけどとても価値がある。

それをＶＩＰから安く買い取って、売って飯を食っている人がいる。

そういうビジネスがあります。


もう一人、面白いビジネスをしている若者に会いました。

車や宝石や時計を売っているのですが、それが全部、某国の国王の所有物だと言います。

その国の国王は、子孫が絶えないように、３人まで奥さんを持てるそうです。

で、仮にその奥さんにプレゼントを贈る際には、同じ物を３人全員に贈らないといけない規則があるそうです。

１人だけに贈り物をすると、もめごとが起きるからです。

仮に１人の奥さんが車好きで、「私、ブガッティ乗りたいな」と言うとします。

そうすると国王は、ブガッティを３台買って、３人の奥さん全員に贈るそうです。

ほかの２人、ブガッティいるでしょうか？

いらないですよね？

その持て余しているプレゼントを、安く譲り受けて、売っているそうです。

持て余している物を処分するわけですから、人助けです。

これこそ、ＶＩＰは物がいらないということを知っている人のビジネスの一例です。

## ポイント2　体験とつながりが好物

ポイント1で、ＶＩＰは物はいらないと解説しました。

逆に言えば、もう欲しいものと言えば、この2つくらいしかないと言っても過言ではありません。

人間の欲求を解説した、心理学者アブラハム・マズローの「欲求5段階説」のように、人は「生理的欲求」「安全の欲求」といった下のレベルの物質的欲求が満たされると、その上の精神的欲求を求めるようになります。

富裕層は既に物をふんだんに持っているので、その上の体験やつながりのほうが価値としては上位になります。

だからＶＩＰと会いたかったら、パーティに行かないといけない。

富裕層は、パーティに行きます。

そこで、お友達とも会う。

乗馬クラブにも行きます。

馬が好きというよりも、乗馬しているような人と会えるからです。

ビジネスマンで言えばゴルフです。

もちろんゴルフにも魅力はあるんですけれど、社長さんはゴルフ場のコミュニティに行くんです。

体験とつながりのために行くんですね。

## ポイント3　特化した才能or行動

既に物をふんだんに持っていて、体験とつながりが大好物のＶＩＰが、一番惹かれるのが、特化した才能や行動です。

富裕層の人たちは好きですね、特化した才能。

たとえば乗馬で世界一を取った中学生の女の子に出会えば、出資すると言いますよ。

ＶＩＰの金融資産を、少なめに見積もって10億円だとします。

10億円を投資に回したら、利回り６％でも年間６０００万円です。

何もしないで、毎月５００万円が振り込まれる。

使うのも大変なんです。

だから、いつでも使い途を探している。

そこに特化した才能や、すごい行動をしている人と出会えば、かなりの確率でお金を出したくなる。

## 要件3 VIPとの接近&育成

「VIPのインサイトを知る」「VIPに渡せるものを持つ」まで解説して来ましたが、そもそもVIPとはどこで会えるのかという問題があります。

そして、もしも知り合いになるチャンスがあったとして、その後、どういう接し方をすればいいのか？

ここも3つのポイントで解説します。

## ポイント1　ＶＩＰがいる場所を知る

ＶＩＰに接近するには、ＶＩＰがいる場所を知る必要があります。

当然ですね。

ＶＩＰがいる場所は決まっています。

ＶＩＰが何にお金を使うかということを考えてみます。

そこには、一つ重要なものとして、一般人と会わないためにということがある。

たとえばホテルのプレミアムラウンジ。

５つ星ホテルとかには必ずありますが、スイートルーム以上の人しか使えない。

出てくる物は、コーヒーや紅茶、ケーキとか、階下のラウンジで出てくる物と大差ありません。

でも、そこには一般の人が上がってこないという、価値があります。

ザ・リッツ・カールトン東京だと、一般のお客様の知らない扉があったりします。

どこのホテルとは言いませんが、こういうラグジュアリーホテルになると、ＶＩＰ専用のエレベーターもあります。

ＶＩＰを守るためなんです。

コロナ禍中の攻撃など、一般人の中には危ない人も交ざるので、ＶＩＰの方は、とにかくそういう人たちから身を守ることにコストをかけます。

そういう場所にＶＩＰはいるんだということを、この時点では記憶しておいてください。

## ポイント2　信用と回収のバランスの鉄則を守る

これは実はＶＩＰに限ったことではありませんが、信用よりも多くを回収したら、関係は切れます。

たとえばキングコングの西野さんと僕では、年齢は僕が上です。

だけど、「おい、西野」とは、絶対に言いません。

「西野さん」と言います。

時間を取ってもらいたい時には、「西野さん、お忙しいところ大変申し訳ございませんが、ここからここまでの間で、もしも23時以降に時間が取れるような場合があったら、すぐに僕のほうから駆けつけたいと思うのですが、今すぐにじゃなくてもいいので、もしそんな時があったらご一報いただけませんか」という感じです。

これは、社会的上下関係、心理的上下関係で西野さんが上、鴨頭が下ということを前提にお付き合いしているからです。

そうでないと、西野さんが、僕と付き合うのが難しくなると思っているからです。

お金も、コミュニケーションも、時間も全部、この関係性を重視します。

僕のほうが、あなたに合わせますよということです。

信用を回収しきらないように付き合っていく。

ここにはかなり気を使っています。

なぜなら、VIP、影響力のある人が、一度でもその相手を「付き合う枠」から外すと、もう、敗者復活はないからです。

たとえば、僕の所にはたくさんのDMが来ます。

「このイベントに来てください」というようなDMです。

僕は心の中で言います。

「なんで？」

僕の所もそうですが、VIPにもこういうDMやお願いは、山のように、嫌というほど来ます。

それに対して、この人のには答える、この人のには答えないという振り分けを、日々しています。

ＶＩＰはそもそも、お願いをしなくても、次から次へとすごい人たちを紹介されます。

そこで一度でも、「この人とは付き合わない枠」に振り分けをされてしまうと、復活の呪文はない。

わざわざ不合格だった人を、もう1回戻す理由が、ＶＩＰにはない。

一発アウトの世界です。

一度でもミスったら、もうその人はあきらめたほうがいいかもしれません。

その辺のことは、やっぱり守っていかないといけない。

怖いかもしれませんが、これが現実です。

## ポイント3　渡しやすい設計

仮に何か渡せる物があるとして、その場合には、相手が受け取りやすい設計が必要です。

「あなたのために」と言っても、むしろ「あなたのために」と言われると、受け取った側はリスクを感じます。

この辺の感覚、わかるでしょうか？

たとえば僕は、西野さんの「えんとつ町のプペル」上映時に、色々と応援をさせていただきました。

そのお礼に、後日、西野さんから、なんでもやりますので言ってくださいとの申し出を受けます。

ここで最初にお願いしたのは、オンラインサロンメンバーの沖縄合宿に来てくださいです。

そこに二晩来ていただいて、ウチの社員の食事会やパーティに参加していただいた。

その後も、僕のクラウドファンディングの相談に乗っていただいたりもしました。

ことあるごとに、僕も回収はさせていただいています。

ほかにも、ウチの会社の顧問になっていただいたり、株式会社チップの役員になっていただいたりもしています。

その時に気をつけているのは、せっかく西野さんの中に生まれた僕に対する「信頼」を「回収しきらない」です。

回収しきってしまうと、関係というのは切れるんです。

そういうバランスの取り方で、関係をキープするということを、やっているんです。

ホリエモンこと、堀江貴文《ほりえたかふみ》さんの場合は少し違います。

いくばくかのお金を出していますが、西野さんのような回収の仕方はしていません。

といよりもほぼ、回収していないのですが、彼は裏で、自然な流れで僕の広報をやってくれています。

たとえば西野さんとお会いした時もそうでした。

最初にお会いした時、既に、僕のことをとてもよく知っていました。

ホリエモンが僕のことをしゃべってくれていたからです。

「OWNDAYS（オンデーズ）」の田中修治《たなかしゅうじ》さんもそうでした。

ホリエモンがすごいって言ったから、会いたいって連絡が来ました。

先日、ライブの懇親会が終わった夜の22時過ぎぐらいから深夜2時まで、ずっと無料でコンサルをしてもらいました。

ホリエモンのおかげなんですが、それは僕への信用が、ホリエモンの中で貯まっている分だと僕は思っています。

そんなふうに、僕の場合は信用と回収において、回収しきらないということをすごく重要視しています。

なぜなら、すぐに回収すると終わりですが、長くじっくりいっぱい回収すると得するからです。


たとえば西野さんがこの先、「世界の西野」になったらどうなりますか?

そういうふうに考えてお付き合いしています。

西野さんも、そういうことはわかっていらっしゃいます。

わかった上でのプレイですね。

それはすごく大人の、いいプレイだと思っています。

子供にはできないプレイです。

繰り返しになりますが、相手が受け取りやすいこと、こちらが渡しやすいこと、そういう設計が大事になってきます。

この辺の解像度をどうやって上げるか?

答えは一つしかありません。

自分がＶＩＰのように振る舞うんです。

これをやらないと無理だと思います。

ありがたいことに、僕はＶＩＰの人と癒着もしていますが、自分自身もＶＩＰの扱いを受けている。

だから、よくわかります。

この人たち、これはいらないな、これ求めているな、この人とこの人をつなぐ時、この関係があるから難しいなとか。

要は、人間関係です。

この人とあまりにも近づきすぎると、この人、ちょっと僕と会いづらくなるかもしれない。

こういうことは、中に入っていかないとわかりません。

## VIPから見える世界

ここからは、富裕層の側からは世界がどう見えているか、そこに対してどういう戦略を立てるべきなのかを5つの事例とともに解説していきます。

### 事例1　VIPが離れられなくなる設計を

エトロというイタリアのファッションブランドがあります。

僕はここの上客ですので、エトロから見たら、富裕層顧客の位置づけになると思います。

エトロの担当者からは、頻繁にLINEが来ます。

ジローラモさんや、ローランドさんのイベントにも呼ばれます。

そういう人と会わせることが、僕にとっての価値になるというエトロの設計です。

ほかのインフルエンサーや著名人との縁を、エトロが作ったということですね。

僕はそもそもエトロのファンですが、こういうことで、よりエトロから離れなくなるという、そういう設計をしてくれています。

ほかにも、青山に看板のないエトロショップがあるのですが、そこで店舗に納品される前の、パリコレや、ミラノコレクションにしかまだ出ていない商品を置いて、ほかのお客様に会わずに購入できる場を設けてくれる。

その上、僕がシークレットライブでエトロのジャケットを着ると、それもチェックしていて、

「先日のジャケットをシークレットライブでご着用いただき、ありがとうございます。とてもかっこよかったです。本日19時からのライブ映像配信も、絶対に拝見いたします」

というＬＩＮＥが来る。

こうなると、もうその担当者から離れられなくなります。

ここまで僕のためにやってくれる人を探すのは、大変です。

どこのブランドにもこういう人がいるというわけではありません。

僕のサイズや好みも全部把握していて、その上、僕の価値観まで理解してくれている。

## 事例2　VIPは個人から買う

グッチに、小林さんという伝説の販売員がいます。

ただこの人、日本一グッチが似合わない人です（笑）。

背が低いので、膝丈のスカートをはくと、スケバンみたいになります。

でも、熱量がすごい。

グッチには、銀座並木通り店というシンボリックなお店があります。

そこのオープニングイベントに招待された時、「わあ、鴨頭さん、写真撮りましょう」と駆け寄ってきて、一緒に写真を撮りました。

後で会社に怒られたそうです。

オープニングイベントで、冨永愛さんや夏木マリさんと一緒に写真が撮れる特別な日なのに、僕と一緒の写真を撮ってしまったので。

そもそも、販売員は写真を撮ってはいけないんだそうです。

そのくらいテンションの高い販売員さんです。

たとえば西武百貨店の5階で僕の買い物が終わると、一緒にいた僕の妻に「アキコ様、アキコ様、アキコ様にも本当に着てほしいやつが6階にあるので着てもらっていいですか。行きましょう、行きましょう」と言って、自分が先頭になってスキップしながら行くわけですよ。

それで、「アキコ様、このジャケット。私が着すぎて私の匂いがついちゃっているんですけど」とか言いながら着るんです、小林さんが。

「ほら、あれっ、全然似合わない。ちょっとアキコ様、着ていただいていいですか。うわーっ、似合う」

そういう接客です。

でも、これウソじゃないんですよ。

先程書きましたが、小林さん、グッチが似合わない。

本当に似合わないのに着ているんですよ。

そしてお客様に着せるから、自分のほうが似合うって本当に感じた人が買うんですよ。

メンズでも同じことをやっています。

「お客様、マフラーだったら、グッチはすごく強くて、ラインナップ的にはこれがあって、ほら、素敵じゃないですか。あれっ、似合わない。ちょっとお客様着けてもらっていいですか。うわっ、超似合う！」

当たり前ですよね、メンズですから。

でも、この接客方法は絶対勝てます。

ウソがないからです。

似合ってもないのに、お似合いですよみたいな……。

これが普通のアパレルの接客です。

ラグジュアリー商品を買っているお客様は解像度が高いので、そういうのは見抜きます。

小林さんはその後、お子さんと一緒に過ごす時間を取りたいということでお辞めになり、最終日に僕たちは花束を贈りました。

もうすごいです。
店内で声をあげて泣いていました。
「ウワーッ、辞めたくない」って泣いていたんですよ。
すごい人だなと思って。
考えられますか？
グッチの店内で最終日に辞めたくないと号泣しながら辞めていく社員さん。
もちろん、グッチの社員さんも全力で止めに入ったそうです。
小林さんがどこかほかのブランドに行ったら、僕はそのブランドを買いますね。
富裕層って、そういう人種です。
物を買っていません。
人で買っています。
そういう人に惚れさせるサービス、それをやれば勝てます。

## 事例3　コミュニケーションで勝つ

もう一人紹介します。

大阪の心斎橋のアバロンです。

おそらく、日本で一番お金がかかっているシーシャバーです。

アバロンのオーナーはドバイの経営者です。

その経営者の奥様と、僕はＬＩＮＥでやり取りをしています。

「今夜大阪入りなので、アバロン行きます」

「本当ですか。何時ごろ来られますか」

「20時ごろだと思います」

「19時半からアポが入っています」

ガーン……。

「今から来ないですか」

要は、もっと早く来られないですかということです。

僕は「まだ新幹線乗ったばかりなんです」と返します。

「明日は来られませんか」

「明日は叶理恵さんの結婚式なので、２次会終わりのよるだったら行けるかもしれないです」

「だいたい何時ごろになりますか」

「20時ぐらいに終わる予定みたいです」

「私、20時半だったら行けますので、もし鴨頭さんが来られるのであったら行きます」

粘りますね。経営者の人ですよ。

で、実はその前の日も行きました、結局。

彼女が来ない日でも行くことにしたんですよ。

そうしたら、オーナーからですと言ってサービス品が出てきて、結局２日間続けて行く羽目になる。

コミュニケーションで勝つ例ですね。

富裕層は、そういうところに敏感です。

## 事例4　コミュニケーションで勝つ2

僕の友達です。「Ｙａｈｏｏ！オークション」でキャンピングカーを日本一売っています。

なぜ日本一なのか？

これも圧倒的な量のコミュニケーションです。

普通、「Ｙａｈｏｏ！オークション」でキャンピングカーを売っている人は、だいたい商品の紹介写真が5〜15枚ぐらいだそうです。

ですが、この方は１５０枚です。

10倍です。

よく言っていました。

「ほかの人たちって、背景がビルのキャンピングカーの写真を載せているけど、意味がわからない」

「キャンピングカーを欲しい人は、それこそ、キャンピングカーを所有した時に得られる体験を買おうとしているはずです。そうだとしたら、やはり後ろに山があったり、空があったり、湖があったりしないとダメなんじゃないですかね？」

そういう写真以外にキャンピングカーを売る方法はないいんだと、はっきり言っていました。

「もっと言えば、昼のシチュエーションの写真しか載せない人がいるけど、キャンピングカーってキャンプをするので、夜の写真、絶対いりますよね」

キャンピングカーはそもそも、中にどんなものが置けるか、ペットボトルが何個入るかという情報が必要なはずです。

さらに、キャンピングカーでどれだけ家族と楽しい空間を過ごせるのか、そういうこともわかる写真を用意していくと、すぐに150枚ぐらいにはなってしまうそうです。

年式の古い車を売る時には、MP4でエンジンの始動法も載せます。

古い車は、簡単にかからない場合も多いので、そういうところも見せる。

だから信頼されます。

返品率0％だそうです。

彼は納車時、それが北海道でも、実際にキャンピングカーに乗って行きます。

お客様が車を見た時の第一声はこうです。

「あっ、そうそう、この車」

事前の情報をしっかり提供して、コミュニケーションで勝っている。

ほとんどの人はコミュニケーションを軽視しているので、返品になったり、売れなかったり、検討しますと言われます。

彼の商品は検討されません。

ライバルに対して、コミュニケーション能力10倍なので、これだけで勝てます。

## 事例5　特別扱いの記憶を

「ＹＡＫＩＮＩＫＵＭＡＦＩＡ ＩＫＥＢＵＫＵＲＯ」の事例です。

日本のチップモデル店舗です。

２０２１年10月にオープンして、最初の１年の売上が１億４１４５万円で、うちチップが２２３４万円でした。

ステージパフォーマーのアサミの給料は基本給が30万円なので、年間で360万円です。

そこに440万円いただいているチップが加算されるので、年収800万円の焼肉店のスタッフです。

年収800万円の焼肉店のスタッフ。

アメリカに行けばいる可能性はありますが、日本では唯一無二です。

もう一人、同じくステージパフォーマーのボニカ。

Googleビジネスプロフィールの海外の人の口コミの和訳がこちらです。

「ボニカ、エクセレント」

「ボニカに会いたくて来た」

来店動機、アメリカ人の場合は「ボニカに会いたくて来た」です。

もちろんボニカに会うためにアメリカから飛んできたという意味ではないですが、日本に来たらボニカに会うのが目的だというわけです。

こういうお客様がいっぱい海外にいるということです。

まだ来ていないお客様もいっぱいいますね。

ボニカのバースデーイベントもあります。

その売上はなんと、191万円です。

どういうふうにしてこの191万円の売上を立てたかを教えてもらいました。

そもそも彼女の本当の誕生日は10月20日です。

でもバースデーイベントの開催日は10月25日です。

ボニカが事前に最重要のお客様である山本隆司さんと能登清文《のときよふみ》さんの空きスケジュールを確認したところ、10月25日なら来られるということでしたので、25日に変えたんです。

そして鴨頭嘉人のパトロンにDMを送っています。

次に自分のショールームでライブをやっていた時のファンの人にも送っています。

加えて現在の常連さんに送っています。

バースデーイベントの2カ月前、つまり一般に情報が公開される前に、88%、もう埋まっています。ここが肝ですね。

なぜか?

情報が公開される前に声をかけてくれたという特別扱いを受けたことによる信

用が貯まるからです。

仮に声をかけたけれど来られなかった人もうれしいものです。

だってボニカから見て、私は特別なお客様だからという記憶が残るためです。

マイナスは一つも生じない。

そしてその後、Facebook投稿。5日で満席。この順番にやっています。

富裕層ビジネスをやるならば、この特別扱いを軽視してはいけません。

富裕層のお客様は、特別扱いに慣れてしまっている。

だから、特別扱いされなかった店には、2回目は行かない。

山本隆司さんが来たら、ドンペリP2を用意してありますと言いますし、能登清文さんが来たら、ハラミを用意してありますと言うはずです。

特別扱いするためです。

隆司さんはお酒が飲めない。

能登さんもハラミ30人前は食べられません。

頼むために来てくれているんです。

その設計をするのがお店のサービスです。

これがＶＩＰ向けのサービスという考え方です。

## ボニカ
## バースデー売上191万円
## ステージパフォーマー史上初
## 売上100万円超えイベント

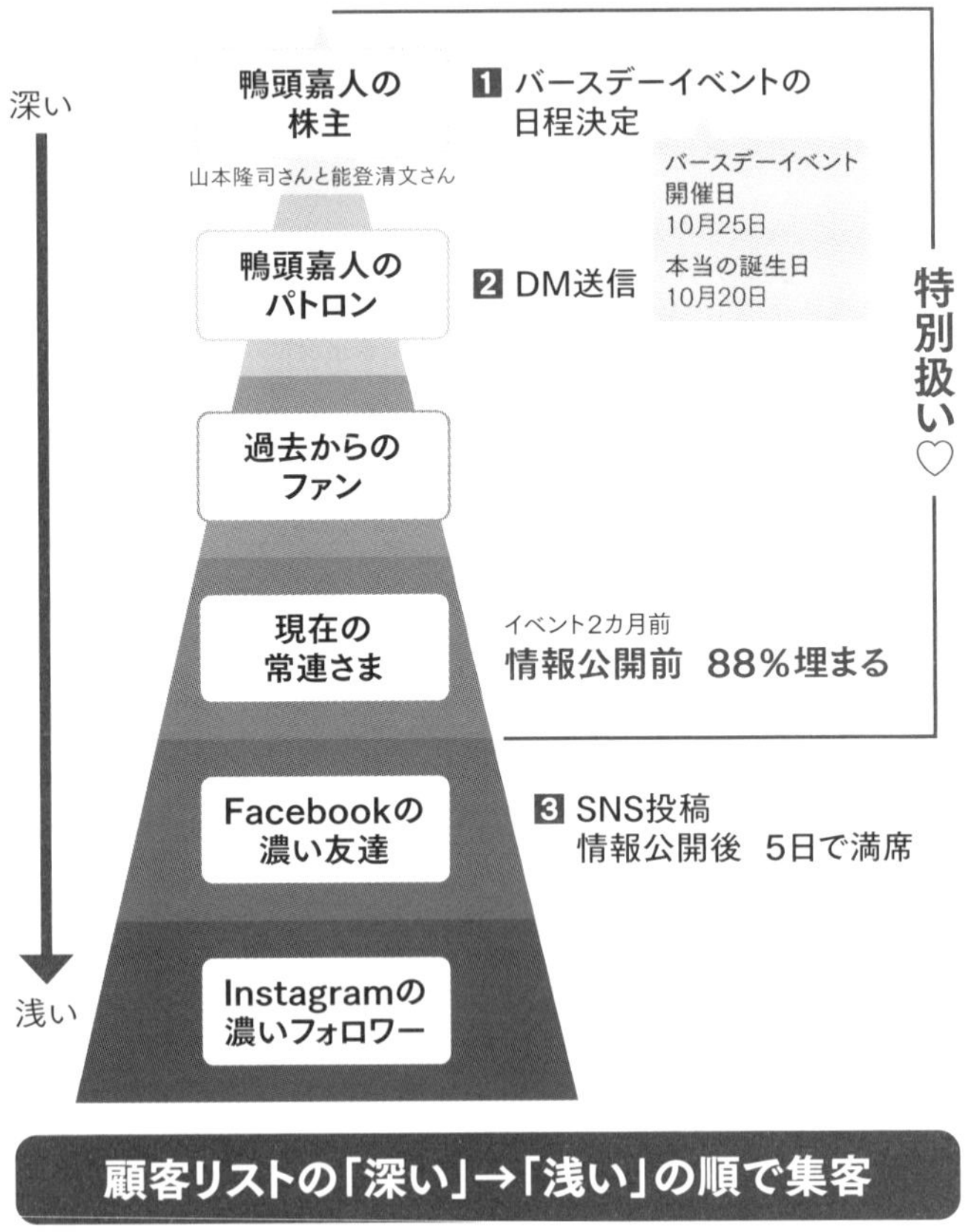

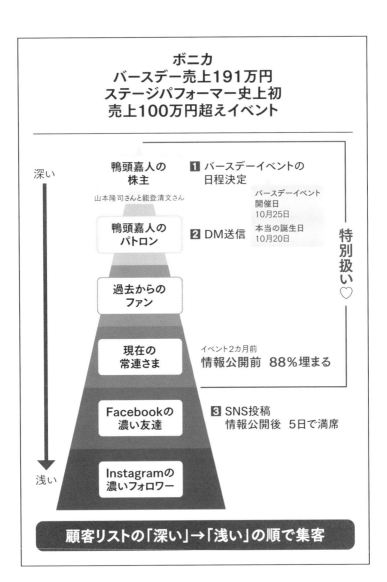

# VIPになるには？

ＶＩＰの見えている世界、考えは、自分がＶＩＰの扱いを受けてみればわかることは、言うまでもありません。

それなら、自分がそういう扱いを受けてみるというのも、大きな方法です。

確かに、日本社会全般でＶＩＰになるのはハードルが高すぎます。

誰もがキングコングの西野さんになれるわけではありませんし、ホリエモンになれるわけでもありません。

なれないからこそのＶＩＰです。

であるのなら、少し範囲を狭めて、それなりに大きなコミュニティの中でＶＩＰになるという方法もあります。

たとえば、僕のコミュニティの中心地はオンラインサロン「鴨Ｂ・ｉｚ」ですが、「鴨Ｂ・ｉｚ」内でポジションを取れたら、ＶＩＰ扱いです。

山本隆司さん、ＶＩＰじゃないですか。

細野尊史さん、ＶＩＰじゃないですか。

髙橋将弘《たかはしまさひろ》さんもＶＩＰじゃないですか。


でも皆さん、髙橋将弘さんの会社の売上規模や利益は知らないはずです。

ただコミュニティ内であれば、「あなたがマチャピロさんですか？」「あなたが日本一たい焼の山本隆司さんですか？」「あなたが最近ブイブイ言っている能登さんですか」となります。

森次美尊《もりつぐよしたか》先生は広告を自分で打たれているので、比較的わかりやすいですね。

認知度を上げることは、ルイ・ヴィトンやモナリザで解説したように、間違いなくＶＩＰへの近道になります。

広告を打てば、一気にそのポジションを取りやすくなります。

広告戦略は、広告で商品が売れるよりも、自分の名前に対する認知が取れた時のほうが、回収は長く大きく得られると覚えておきたいです。

１年後に会った時に、「あっ、あの時、Ｖｏｉｃｙで聞いた森次先生」になりますし、これは永遠に続きます。

そういう設計が望ましい。

オンラインサロン「鴨Ｂｉｚ」に入会してコメントで認知を取る、クラウドファンディングで認知を取る、という2通りの方法で、僕のコミュニティではポジションが得られるようになります。

特にクラウドファンディングは、名前を売りやすいし、ＶＩＰの人とからむこともできる。

さらに自分がＶＩＰの立場になることもできるので、非常にお勧めです。

ＶＩＰ戦略を極めるために、クラウドファンディングをやってください。

そしてクラウドファンディングをやって、ＶＩＰから見えるものを学んでください。

# おわりに

コーヒー1杯1200円。
ハンバーガー1個2400円。
ステーキコース3万円。
これがアメリカを中心とした『世界標準価格』です。

コーヒー1杯400円。
ハンバーガー1個800円。
ステーキコース1万円。
これが『日本の価格』です。

ちょうど3倍と思えばわかりやすいでしょう。

そして『世界標準の時給』は3000円。

『日本の標準時給』が1000円。


物価が3分の1で収入も3分の1だから問題ないですよね。

だって日本のサラリーマンの月収は30万円で家賃が10万円。

アメリカのサラリーマンは月収90万でも家賃も30万円なのですから釣り合っている……。


そう見えなくもないですよね。

でも……、本当はこれが大問題なんです。


なぜなら「私たちは世界と繋がっているから」。

あなたが今日訪れたカフェの内装には『海外から輸入した板金と木材』がふんだんに使われているのです。

あなたが手にしているスマートフォンが100％国産の原材料で、運賃もかかっていないのなら、たしかに『問題ない』のかも知れません。

しかし、現実にはあり得ません。

私たちは世界とつながっています。

ネットフリックスもファッションアイテムも家も車のパーツも「世界と繋がっている」。

だから世界と同じレベルの豊かさを享受するには「価格も収入も3倍」にする。

それしか道はないのです。

賃上げや値上げへの心理的ハードルや競争相手との顧客の奪い合いにばかり心を囚われていては幸せになれないのです。

世界一美味しい食べ物に恵まれ……。

世界一治安の良い街で暮らせて……。

世界一衛生的な環境で生活できて……。

未来に希望を持てないのは「何かが間違っている」からです。

そうです。情報です。

SNSやマスメディアは大量のインプレッションを獲得するために、悲観的で過激な情報をあなたに続け続けるかも知れません。

でも、もう迷わないで欲しいのです。

「私たちは世界と繋がっている」

だから『賃上げ 値上げ インバウンド』に取り組めば、必ず本来享受できる幸せが手に入ります。

一足飛びにはいかない事もあるでしょう。
言われのない讒言に心を痛めることもあるかも知れません。
でも明るい未来に向かって行動し続けて欲しいのです。

そんな飽くなき挑戦を続けるあなたに最後に贈りたい情報があります。


今から約30年前のアメリカのビッグマックは１９０円。

この時日本のビッグマックは３８０円でした。

現在アメリカは６２０円で、日本は３９０円。

そうです。30年をかけてアメリカは３倍に価値を上げてきて、その間日本は止まっていたのです。


歩き出しましょう。

30年かけて広がった世界標準を取り戻すのです。

あなたの一歩はそれだけの価値があるのです。

鴨頭嘉人

「賃上げ 値上げ インバウンド」の
最新情報はこちらから！⇧

◎著者プロフィール

**鴨頭 嘉人**（かもがしら よしひと）

高校卒業後、東京に引越し、19歳で日本マクドナルド株式会社にアルバイトとして入社。4年間アルバイトを経験した後、23歳で正社員に、30歳で店長に昇進。32歳の時にはマクドナルド3300店舗中、お客様満足度日本一・従業員満足度日本一・セールス伸び率日本一を獲得し最優秀店長として表彰される。その後も最優秀コンサルタント・米国プレジデントアワード・米国サークルオブエクセレンスアワードと国内のみならず世界の全マクドナルド表彰を受けるなどの功績を残す。

2010年に独立起業し株式会社ハッピーマイレージカンパニー設立（現：株式会社東京カモガシラランド）。

人材育成・マネジメント・リーダーシップ・顧客満足・セールス獲得・話し方についての講演・研修を行っている日本一熱い想いを伝える炎の講演家として活躍する傍ら、リーダー・経営者向けを中心に24冊の書籍を出版する作家としての顔も持つ。さらには「良い情報を撒き散らす」社会変革のリーダーの立場から毎日発信しているYouTubeの総再生回数は2億回以上、チャンネル登録者数は延べ100万人を超す、日本一のYouTube講演家として世界を変えている。

2023年12月には、歌手デビューも果たした。

・公式HP　https://kamogashira.com
・YouTubeチャンネル　https://bit.ly/kamohappy
・Instagram https://bit.ly/kamogram
・公式LINE　https://bit.ly/kamobon
・Voicy　https://voicy.jp/channel/1545

サービス一覧

# 賃上げ 値上げ インバウンド

2024年10月30日 初版発行

著　者　　鴨頭 嘉人
発行者　　鴨頭 嘉人
発行所　　株式会社　鴨ブックス
〒170-0013　東京都豊島区東池袋3-2-4　共永ビル7階
電　話　　03-6912-8383
FAX　　03-6745-9418
e-mail　　info@kamogashira.com

装　丁　　Isshiki（松田喬史）
デザイン・DTP　　Isshiki（杉本千夏）
校　正　　株式会社ぷれす
印刷・製本　　株式会社シナノ パブリッシング プレス


ISBN978-4-910616-13-1